陶器

文化百科

土与火的结晶

刘干才 编著　胡元斌 丛书主编

汕头大学出版社

图书在版编目（CIP）数据

陶器：土与火的结晶 / 刘干才编著. — 汕头：汕头大学出版社，2015.2（2020.1重印）
（中国文化百科 / 胡元斌主编）
ISBN 978-7-5658-1609-3

Ⅰ.①陶… Ⅱ.①刘… Ⅲ.①陶器（考古）—介绍—中国 Ⅳ.①K876.3

中国版本图书馆CIP数据核字(2015)第020781号

陶器：土与火的结晶　　　　　　　　　　　　TAOQI：TUYUHUO DE JIEJING

编　　著：刘干才
丛书主编：胡元斌
责任编辑：叶　慧
封面设计：大华文苑
责任技编：黄东生
出版发行：汕头大学出版社
　　　　　广东省汕头市大学路243号汕头大学校园内　邮政编码：515063
电　　话：0754-82904613
印　　刷：三河市燕春印务有限公司
开　　本：700mm×1000mm　1/16
印　　张：7
字　　数：50千字
版　　次：2015年2月第1版
印　　次：2020年1月第2次印刷
定　　价：29.80元
ISBN 978-7-5658-1609-3

版权所有，翻版必究
如发现印装质量问题，请与承印厂联系退换

前 言

　　中华文化也叫华夏文化、华夏文明，是中国各民族文化的总称，是中华文明在发展过程中汇集而成的一种反映民族特质和风貌的民族文化，是中华民族历史上各种物态文化、精神文化、行为文化等方面的总体表现。

　　中华文化是居住在中国地域内的中华民族及其祖先所创造的、为中华民族世世代代所继承发展的、具有鲜明民族特色而内涵博大精深的传统优良文化，历史十分悠久，流传非常广泛，在世界上拥有巨大的影响。

　　中华文化源远流长，最直接的源头是黄河文化与长江文化，这两大文化浪涛经过千百年冲刷洗礼和不断交流、融合以及沉淀，最终形成了求同存异、兼收并蓄的中华文化。千百年来，中华文化薪火相传，一脉相承，是世界上唯一五千年绵延不绝从没中断的古老文化，并始终充满了生机与活力，这充分展现了中华文化顽强的生命力。

　　中华文化的顽强生命力，已经深深熔铸到我们的创造力和凝聚力中，是我们民族的基因。中华民族的精神，也已深深植根于绵延数千年的优秀文化传统之中，是我们的精神家园。总之，中国文化博大精深，是中华各族人民五千年来创造、传承下来的物质文明和精神文明的总和，其内容包罗万象，浩若星汉，具有很强文化纵深，蕴含丰富宝藏。

　　中华文化主要包括文明悠久的历史形态、持续发展的古代经济、特色鲜明的书法绘画、美轮美奂的古典工艺、异彩纷呈的文学艺术、欢乐祥和的歌舞娱乐、独具特色的语言文字、匠心独运的国宝器物、辉煌灿烂的科技发明、得天独厚的壮丽河山，等等，充分显示了中华民族厚重的文化底蕴和强大的民族凝聚力，风华独具，自成一体，规模宏大，底蕴悠远，具有永恒的生命力和传世价值。

在新的世纪，我们要实现中华民族的复兴，首先就要继承和发展五千年来优秀的、光明的、先进的、科学的、文明的和令人自豪的文化遗产，融合古今中外一切文化精华，构建具有中国特色的现代民族文化，向世界和未来展示中华民族的文化力量、文化价值、文化形态与文化风采，实现我们伟大的"中国梦"。

习近平总书记说："中华文化源远流长，积淀着中华民族最深层的精神追求，代表着中华民族独特的精神标识，为中华民族生生不息、发展壮大提供了丰厚滋养。中华传统美德是中华文化精髓，蕴含着丰富的思想道德资源。不忘本来才能开辟未来，善于继承才能更好创新。对历史文化特别是先人传承下来的价值理念和道德规范，要坚持古为今用、推陈出新，有鉴别地加以对待，有扬弃地予以继承，努力用中华民族创造的一切精神财富来以文化人、以文育人。"

为此，在有关部门和专家指导下，我们收集整理了大量古今资料和最新研究成果，特别编撰了本套《中国文化百科》。本套书包括了中国文化的各个方面，充分显示了中华民族厚重文化底蕴和强大民族凝聚力，具有极强的系统性、广博性和规模性。

本套作品根据中华文化形态的结构模式，共分为10套，每套冠以具有丰富内涵的套书名。再以归类细分的形式或约定俗成的说法，每套分为10册，每册冠以别具深意的主标题书名和明确直观的副标题书名。每套自成体系，每册相互补充，横向开拓，纵向深入，全景式反映了整个中华文化的博大规模，凝聚性体现了整个中华文化的厚重精深，可以说是全面展现中华文化的大博览。因此，非常适合广大读者阅读和珍藏，也非常适合各级图书馆装备和陈列。

目 录

新石器陶器

古老传说中的陶器起源　002

南北地区新石器时期陶器　009

夏商周陶器

016　以夹砂灰陶为主的夏代陶器

023　以白陶为特色的商代陶器

030　简朴实用为主的周代陶器

1

秦汉隋唐陶器

以兵马俑为代表的秦代陶器　040

以彩俑为代表的汉代陶器　050

色彩绚烂的魏晋隋唐陶器　068

宋元明清陶器

078　五彩斑斓的宋辽金陶器

089　有草原风格的元代陶器

095　四大名陶兴起的明清陶器

新石器陶器

陶器的发明是新石器时代手工业最重要的成就，我国的先民早在1万年以前就已掌握了制作陶器的技术。其中传说中的人类始祖伏羲氏与陶器也有着密切的关系。

我国典型的新石器文化包括黄河流域的仰韶文化和马家窑文化、长江流域的彭头山文化和河姆渡文化以及其他地区的甑皮岩文化和白羊村文化等，它们都有代表性的陶器，如彩陶、黑陶、印纹陶等。

陶器：土与火的结晶

古老传说中的陶器起源

当上古先民刚刚结束茹毛饮血的原始生活，开始使用磨制精细的各式石器，并利用兽皮、兽骨、贝壳装饰打扮自己的时候，便尝试着展开思维的翅膀，来解释这个五彩缤纷的世界。

那时，他们既无法理解宇宙间神奇的造化和大自然无穷的破坏力，也无法说清自身奇妙的由来与延续。于是，面对这不可思议的一切，描绘出一个万能的上帝，比如盘古氏开天辟地，以及有巢氏、燧人氏、神农氏的动人故事。

所有这些关于"创世"的传说中，神祇们却几乎是用同一种方法创造了人类本身，那就是用了泥土。

传说中，女娲炼五色石

补好崩塌的苍穹后来到河边,休息时抟土为兽、为畜、为人。可泥太软,造出的人没有气力,无法抵御洪水猛兽,所以,她又用麻绳横于中,人便这样诞生了。

不论多么精彩、丰富的想象,都与人们最为熟悉的事物密切相关。而那个时代,人类最富创造力的表现,莫过于将那一团团黏糊糊的泥土,改变成各种各样的应用器皿,或捏塑、烧制成他们能够见到和想要见到的一切,这就是陶器。

陶器的发明,是人类文明的重要进程,是人类第一次利用天然物,按照自己的意志创造出来的一种崭新的东西。从河北省阳原县泥河湾地区发现的旧石器时代晚期的陶片来看,我国陶器的产生距今已有1.17万多年的悠久历史。

在遥远的古时候,人们把黏土加水混合后,制成各种器物,干燥后经火焙烧,产生质的变化,就形成了陶器。陶器作为一种器具,首先应用于古人的生活之中,制成罐、碗、盆、钵等用于储藏、饮食。

陶器：土与火的结晶

古代先民至少在1万年以前就已掌握了制作陶器的技术，并已懂得了在做炊器用的陶器中要加进砂粒，以防烧裂。

由于陶器的发明通常是原始农业的直接产物，因而其功绩似非当时的妇女莫属。那时，男人们整天忙于捕猎、打鱼，以获取整个部落主要的食物；妇女则从事相对比较安全的农耕、畜牧，及肩负着小心保护火种的重责。因此，唯有她们最容易发现泥土遭火烘烤后的变化。

人类尚处在母系氏族公社晚期的一些地区，陶器的制作都是出自女性那灵巧的双手，男人们最多也就是帮着挖土、运土、砍柴，从事一些粗重的、纯辅助性的体力劳动，或者干脆什么也不插手。

只是到了原始公社的晚期，农业生产逐渐上升为人们主要的活动时，也就是说，人类开始进入父系氏族社会后，制陶才随之被男人们把持了。

据传说，上古神话中的伏羲、盘古均为葫芦的拟人化。伏羲氏本名最大可能是"匏析氏"，就是"匏析成瓢"的意思。制瓢技术解决了先民喝水的大问题，是一项足以与石器和火的发明相提并论的技术进步，伏羲氏其实是葫芦时代的象征。

据古史记载，伏羲生于成纪，即今甘肃省天水市秦安县秦城区一带，女娲与伏羲既是兄妹，又是夫妻，传说他们均是"人首蛇身"，在人类遇洪水、人烟断绝之际，结为夫妻，繁衍人类。

在天水的新石器时期彩陶中，伏羲、女娲人首蛇身交尾的图画和陶器，是国内能够证明伏羲、女娲活动于天水一带的最有力证据。

在天水市武山县和甘谷县还发现了仰韶时期的"人面鲵鱼图"彩陶瓶，这与伏羲时期的"人首蛇身"图腾崇拜的记载相符。

自古以来，天水卦台山和伏羲庙一直是成纪地域内祭祀先祖伏羲的最大的庙宇，天水也被称之为"羲皇故里"从"匏析"一词可以推演出伏羲氏时代还开创了陶器的先河。有一种原始的制作陶坯的技术称为胎模制陶术，以葫芦等器物为胎模，外面涂泥，泥干后脱去胎模而成为陶坯，然后烧制成陶器。这种做法完全可能出现在伏羲氏时代后期。

首先，古代北方住房是用立木为支架涂泥成墙而成，天水秦安大地湾遗址更是将这种办法用于大厅内独立大柱的防火上。

其次，在伏羲氏时代后期，随着人们用火知识和技术的提高，也可能出现烧煮食物的要求，为了防止易燃的瓢被火烧毁，会在瓢外面涂泥，瓢中加水烧煮食物。如果意外瓢中没有水，就可能把瓢外的防火泥烧结成陶，从而开创了陶器时代。

河南省三门峡市渑池县东北的仰韶遗址位于洛阳市以西，仰韶村北面不远处是属于崤山山脉的韶山，这里流传着最古老的关于陶器由来的故事。

传说大约六七千年

前，人类还群集在那深山密林的石洞里，过着捕猎采果的生活。山上的猎物和野果日益满足不了他们的生活需要，他们便慢慢地走出了山。

嵩山山脉韶山峰下，有一片沃野，南临黄河，北临韶山，草木丛中野果累累，鸟儿在空中飞高飞低，走兽在林里窜来窜去，真是一片富饶美丽的好地方。从山上下来的人，有个叫陶的族长，带领族人来到了这块地方。

起初，大自然的丰富物资，足以让他们过着捕猎摘果的美好生活。后来人越来越多了，大自然的财富维持不了生活，他们于是披荆斩棘以开垦田地耕种，并且开始了猎物捉鸟养畜放牧的新生活。

有一年秋天，秋风瑟瑟，大雨连绵不断地下。那风像猛兽一样不断地撕去他们赖以生存而用树枝搭起的篷子，吹倒辛勤耕种的庄稼，卷走饲养的牛羊。

雨后，大地被洪水冲出了道道沟壑，人们只好在这沟壑上面覆盖厚厚的树枝茅草，住在下面用来避风驱寒。

一天，陶在巡视族人们的生活时，发现这些居住在沟壑茅草棚下的人，冬天雪透，夏日雨浸，不少因潮湿而得病。

他想：要是在干燥的地方挖洞开穴，再用茅草盖顶，那一定会更好些。于是在陶的带领下，大家轰轰烈烈地干了起来。

在辛勤劳动中他们发明了不少劳动工具，陶把这些经验积累起来，打制出了各种各样的石器：石斧、石锥、石凿、石碗等。

同时，漫长的生活需要他们将猎物的骨头磨制出骨针、骨锥、骨筷等，用树皮、兽皮、毛草拧成了各种长短粗细不等的绳子。锥和绳子的出现使人们披上了蓑衣，穿上了兽皮。

长期没有发生过战争，社会经济不断得到发展。各族人之间和平相处，平等相待。从而出现了驯服饲养的家畜、猎物和粮食的交流与交换。

这样就需要储存粮食、干肉和果品了，于是他们用土和泥制成各种各样储物器，在太阳下晒干使用，这种泥器成为他们当时较为广泛使用的生活用品之一。

一天黄昏，狂风大作，天昏地暗。原来还没来得及熄灭的烤肉火堆被风吹散开来，燃着了杂草、树木、庄稼和茅草棚，霎时就成了一片火海。大火之后，树上的果子没了，只留下枯干残枝；田野的庄稼没了，只留下片片灰烬。不幸的遭遇中，陶却发现了一个奇迹：那晒制的用泥做的储器，比原来坚硬得多，敲起来清脆悦耳，尤其是放在穴里的更好。

陶器：土与火的结晶

于是，陶带领族人亲自试烧，他把晒干的各种泥制品放进掘好的窑洞里，用木材架起来烧。一天，大家都去睡了，陶坐在那里用干柴不住地添火，他在朦朦胧胧中觉得自己走进了熊熊的烈火中，双肋长出了翅膀，飘飘忽忽地飞向蓝天，在黄河上空翱翔。

天亮之后，人们来到火窑旁边，火熄了，那位老人却不见了，唯独剩下的，是他常拄的那根奇异的木制拐杖。

陶离开人类而去了，大家按照老人生前的嘱托，继续忙碌着。到了中午，雨瓢泼似的下，灌满了个个试烧的窑。第二天，大家用土封了窑口。七天七夜过去了，水全部渗完，窑里没那么热了，大家挖开一看，满窑是坚硬结实的储物器。于是，消息传遍了黄河两岸。

陶死后，大家推举他的儿子缶为首领。为了怀念陶的功绩，大家把这种储物器叫陶器。他们还为老人铸了陶像，让后人供奉。

拓展阅读

陶器是什么时候产生的，已很难考证。对陶器的由来，说法不一，有人推测：人类最原始的生活容器是用树枝编成的，为了使它耐火和致密无缝，往往在容器的内外抹上一层黏土。

这些容器在使用过程中，偶尔会被火烧着，其中的树枝都被烧掉了，但黏土不会着火，不但仍旧保留下来，而且变得更坚硬，比火烧前更好用。这一偶然事件给人们很大启发。

后来，人们干脆不再用树枝做骨架，开始有意识地将黏土捣碎，用水调和，揉捏到很软的程度，再塑造成各种形状，放在太阳光底下晒干，最后架在篝火上烧制成最初的陶器。

南北地区新石器时期陶器

新石器时期的文化除了长江、黄河流域这两个最重要的地区之外,还包括其他地区,东南地区、西南地区和东北地区。

东南地区新石器时期的陶器文化范围,包括江西、福建、台湾、广东和广西诸省,基本上可分为早、晚两个阶段。

早期文化的遗址有江西省万年仙人洞,广东省英德青塘、冠山滑岩洞和广西桂林甑皮岩、马兰嘴山、杯较山、石尾山、海角山等处。

以绳纹粗红陶为主要代表,质地较粗松,具有明显的原始特征。纹饰除了绳纹,还有划纹、篦点

陶器：土与火的结晶

纹、见齿纹、指甲纹和篮纹等。

东南地区晚期文化较早期丰富，质料种类增加了泥质红陶、灰陶和黑陶；纹饰种类增加了颇具特色的几何印纹。

万年仙人洞位于江西省万年县大源乡，是1.4万年前新石器时期的古文化遗址，这里竟然发现了2万年前的世界最早的陶器碎片。

甑皮岩文化是发现于广西壮族自治区桂林独山西南麓洞穴的新石器时期早期文化，年代为距今1万年至7450年。

甑皮岩文化的遗迹、遗物，依地层和文化特征可划分为5期，由此可勾勒出公元前1万年至5000年间桂林原始文化陶器的发展轨迹。

在第一期发现一件破碎的捏制素面夹粗砂陶容器，是我国发现的最原始的陶容器实物之一，年代在公元前1万年至9000年。

在第二、三、四期的陶器大部分用泥片贴筑法制坯，露天堆烧法烧造，显示出公元前9000年至6000年间桂林陶器制造技术的发展。

第五期进一步出现用慢轮技术修坯的泥质陶器，纹饰除传统的绳纹、篮纹等编织纹外新出现式样繁多的刻画纹、戳印纹、捺压纹，如干栏纹、水波纹、曲折纹、网格文、弦纹、乳钉纹、篦点纹、附加堆纹等，器型富于变化，有罐、釜、盆、钵、圈足盘、豆、支脚等器类。

凤鼻头文化分布于我国台湾省中南部海岸与河谷地区，跨越分布在台湾岛西海岸的中南部，自大肚山起向南到台湾岛南端及澎湖列岛。在公元前2500年至公元1600年左右。其典型代表是高雄县林园乡凤鼻头遗址。

凤鼻头文化红陶质地细腻，不含粗砂，色泽橙红或深粉红。橙红的多磨光，深粉红的多未经研磨。从制作工艺看，多以泥条或泥环盘结叠筑，外面抹平。

陶器纹饰有绳纹、席纹、刻画纹和附加堆纹，个别陶片上还绘有深红色的勾连形图案或平行线。

陶器的器形主要有碗、盆、壶、瓶、罐、鼎等。这些红陶酷似祖国大陆东部沿海的原始文化遗存。

如果将凤鼻头文化与我国青莲岗文化，特别是较早期的青莲岗和马家浜文化中的红陶陈列在一起，人们会惊异地发现：海峡两岸，原来竟是一群"同胞姐妹"。所不同的，只是来自凤鼻头的一群更"年轻"一些。

第二期以素面和刻纹黑陶为主要特征，广泛分布于台湾中南部各地。代表性的遗址有台中市营埔、南投县大马璘、台南市牛稠子贝丘、高雄市大湖贝丘、桃仔园贝丘以及凤鼻头贝丘的第三、四层等。这种变异应视为各遗址住民对本区域特殊

陶器：土与火的结晶

资源的充分开发和利用所致。黑陶文化的标志性器物是各遗址均有发现的黑皮磨光陶。

另外，在制作技术方面，黑陶文化中首次显示了使用慢轮修整的痕迹，这对于台湾地区来说是一个不小的进步。

凤鼻头文化第三期以印纹和刻画纹灰黑陶为主要特征，约在公元初年至十六七世纪之间，由于年代的晚近和汉文化的大量涌入台湾，这一期的原始文化遗存大都被近现代文化的潮水淹没了。

从已知的出土陶器看，其特征为：灰、黑几何印纹陶，以方格纹为主。这种陶器不仅与华东青莲岗、福建昙石山出土的几何印纹陶属于同一类型，而且在我国江南地区分布极为广阔。

几何印纹陶的创造者是古越族，古越族第三次大举赴台是公元前110年以后的事情，这一时间与凤鼻头第三期文化的考古年代大致相合。而且很有可能，渡台之后的越人与大陆越人始终保持着经常的联系，这种民族交流必然促进文化的交流。

西南地区包括四川、贵州、云南和西藏自治区，其中，四川陶器文化较发达，云南和西藏也具有一定水平，只是贵州发现的比较少。

白羊村文化发现于云南省宾川县城东北的金牛镇桑园河东岸白羊村，是我国西南洱海地区的新石器时期文化，距今约4200年至4100年。白羊村文化多产夹砂褐陶，陶质疏松，胎壁较厚。均为手制，采用泥条盘筑法，制陶工具有陶垫、骨抿、陶支架、石印模等。器形独特，有罐、钵、缸、带流器等，肩、腹部常饰以变化丰富的划纹、绳纹、点线纹、剔刺纹、乳钉纹、附加堆纹、印纹、线纹等，印纹包括篦齿纹、圆圈纹、斜方格纹。

西藏北部的那曲、西部的阿里和南部的聂拉本等地，也发现有新石器时期陶器文化的遗址，主要是粗、细夹砂陶，陶色有红、黑、灰3种，均为手制，采用泥条盘筑法、手捏法或模制法，制作较粗糙。器形简朴，只有罐、盆、碗、盘等。纹饰种类极少，多为绳纹或几何形划纹。

北方地区的陶器文化，统称为"细石器文化"，它的遗址遍布我国的东北、内蒙古、宁夏、甘肃等地，由于陶器的发展受当时经济生活的影响和限制，因此，在农业经济较发达的地区，陶器数量和品种都较为丰富多样，在渔猎畜牧经济为主的地区较为稀少寥落。

其早期文化包括兴隆洼文化、新乐文化、小珠山文化、赵宝沟文化、左

家山文化，以兴隆洼文化为典型。

兴隆洼文化以内蒙古自治区敖汉旗兴隆洼遗址命名，此时期陶器均为手制，只有夹砂陶，陶色主要为灰褐、黄褐，陶质疏松，火候较低。典型器形为筒形罐，也有钵、罐等。多饰以数种纹饰组成的复合纹，戳印坑点纹等，有交叉纹、网格纹。竖压横排"之"字形线纹。

北方地区中期文化以红山文化为代表，是距今五六千年的一种在燕山以北、大凌河与西辽河上游流域活动的部落集体创造的农业文化，因发现于内蒙古自治区赤峰市郊的红山后遗址而得名。

红山文化的陶器有泥制红陶、夹砂灰陶、泥制灰陶和泥制黑陶4类。饰细绳纹、刻画纹和附加堆纹，由细绳纹组成的菱形回字纹已初具雷纹特征。器物为夹砂灰陶直筒罐类、钵盆和镂空豆类、壶类以及器座、盂、尊、双耳大口罐型器。晚期出现大平底盆，大敞口折腹浅盘细柄豆，并出现有彩绘陶。

拓展阅读

2009年，江西省文物考古研究所专家与北京大学、美国哈佛大学学者，在重新清理出来的考古地层剖面上采集样本，对仙人洞出土的一个大陶碗碎片，用目前测定年代最先进的方法——碳-14断代法进行检测，确定仙人洞遗址出土陶器年代可以提早到距今2万年前，比此前在东亚各地发现的最古老陶片还要早2000年至3000年。

美国《考古》杂志在2013年1期评选出2012年度世界十大考古发现，将中国江西万年仙人洞遗址发现的2万年前的陶器入选。

夏商周陶器

夏商周三代的陶器品种多样，大致可分为白陶、灰陶、黑陶、红陶和原始陶等。

夏朝烧制灰黑陶器的数量最多，同时也烧制胎质坚硬细腻的白陶器。

商代灰陶数量最多，另有少量的泥质红陶，而黑陶、黑衣陶已很少见。

西周陶器仍以灰陶为主，黑陶和白陶到西周后期已经不见了。到战国中后期，灰陶大型器开始大量出现，它标志着当时制陶工艺的进步。

陶器：土与火的结晶

以夹砂灰陶为主的夏代陶器

大约距今4000多年前，居住在黄河中下游中原地区的夏族部落，已由原始氏族社会进入阶级社会，由夏禹的儿子启创立夏朝。经过新石器时期几千年的漫长积累，陶器工艺在夏代获得了长足的进步。

豫西的偃师二里头、晋南的夏县东下冯、内蒙古的夏家店以及山东的岳石地区等夏代遗址中发现了大量灰陶，无论是作为衣食住行的日常生活用品，还是作为祭祀与权力象征的宗教礼仪用品，其器型的实用性和审美形式感相得益彰，纹饰在绳纹的基础上出现了极具想象力和抽象思维的动物纹和文字刻符，艺术风格也开始走向幽冷神秘和庄严沉重，从而彰显了夏代灰陶的审美特征。

夏代先民继承并发展了

新石器时期晚期的黑陶、灰陶工艺，在陶料的挑选、陶模的成型、器表的装饰、陶器的最终烧成等方面取得的进步，为夏代灰陶的审美造型奠定了坚实的基础。

在二里头文化中不见河南龙山文化中常见的斝、带把鬲、带耳罐、杯、碗和双腹盆，而独自形成了类型多样、特征鲜明的器物群，其中炊器有鼎、鬲；食器有盆、豆、簋、三足盘；储盛器有大口尊、瓮、缸、圜底盆、敛口罐和汲水罐；酒器有壶、盉、觚、鬶、爵、角和杯，陶器制品的器形得到进一步丰富，其美感也得到进一步加强。

夏代日常生活和宗教礼仪陶器，是与当时社会的政治、文化和生活紧密结合在一起的，审美造型的设计与其特定功能搭配得自然和谐。夏代陶鼎，其造型由浑圆的鼓腹变为方形腹，显得宽博而厚实，其外侈的三足也演变为柱形的四足，显得对称而稳定。

显然，陶方鼎的出现，打破了圆腹三足的一贯模式，其实用功能明显减退，审美的形式感显现无疑，使整个器形显得厚重而庄严，礼仪性逐步占据主要地位。

陶罐的演变主要体现为造型的设计趋于美观和繁复，形式美更加突出，如敞口鼓腹陶罐，罐体的腹部向外突出，呈扁圆之状，显得饱满而凝重。圆腹罐的口沿下还附加一对鸡冠形錾，敛口罐形鼎的肩部也有类似的对称式鸡冠耳。这种仿生式的造型来源于自然美，但又形成了一种比自然美更集中、更典型的形象。

再如夏代瓦足皿，主体部分似一平底盘，下承3个瓦足，虽然其质料只是常见的泥质灰陶，其盘、足和其他器物的盘、足也别无二致，但二者搭配后的整体造型放在陶器群中却极为抢眼，于朴素中见精巧，于自然中见别致，是极具特色的一种盛放器皿。

另外，夏代先民在农业生产的基础上饮酒之风渐开，发现了大量的陶质壶、盉、觚、鬶、爵、角和杯等酒器。酒器数量众多，酒器的器型多样，构成了夏代陶器的另一个显著特征。

夏代的白陶盉，质地细腻坚硬，其造型挺拔秀丽，腰部缠附两道凸棱，腰下三足间各贴一颗泥丁，鋬与腹之间有两根小圆柱，既利于支撑盉鋬，又利于手执时控制其前倾度，既满足了审美的形式感，又实现了本身的实用性。

而白陶鬶则以3个丰满的乳状袋足来代替鬶腹，这种造型处理既增加了容量，又可使受热均匀，并且其微侈的口和高耸的流嘴，使受水和注水也更加便利，功用和造型搭配自然。

陶盉为酒器。浅灰色，泥质陶制成。下有3个袋状空足，一侧有一柄，也是二里头夏文化典型的陶盉形制。为了使器物获得一种稳定的均衡感，在有鋬的一侧，器身略为内倾，而在另一侧，器身则略向外凸。整个器物，造型均衡，表面光滑，制作精良。

尽管夏代陶器器型如此多样，但是其整体造型基本呈现为两种类型：一类以实用为主，保留了新石器时期容器的基本造型，多为烹饪器。另一类则将容器外形制作成鸟兽形貌，或以浮出器表的立体动物造型作为主要装饰手段，完全肖形地模拟真实动物特征或采用想象虚

构的动物形象。这类器物多为水器和酒器，一般有流有足，很容易激起人的想象力，将有头有爪的鸟兽形象与之融为一体。

壶式盉上塑一象鼻式管状流，造型别致。夏家店下层文化陶鬶吸收了龙山文化陶鬶的象生造型；夏代鸭形陶器的器腹呈鸭形状，敞口短颈。这些鸟兽的嘴部象形地制成了陶器的"流"，身躯为陶器的腹部，腿脚成了稳定陶器重心的足，而其尾部则成了供提取用的手錾。

这样的造型设计，已远远超过了其实用功能的考虑，在象生的模仿中得以审美化了，而且还蕴含了巨大想象张力的形式美，成为夏代先民们审美能力的具象阐释，成为意蕴丰富的"有意味的形式"。

纹饰及图案样式的构成和变化，要比其器皿造型的变化显得丰富和复杂得多，夏代陶器纹样装饰在形象鲜明的审美造型基础上也呈现出多样性和复杂化的审美风貌。

夏代陶工常在陶豆的盘腹上饰以粗细相间的弦纹，而在其高柄足上镂孔，并间或刻画出纤细的菱形纹带和云雷纹，从而使整个陶豆的纹饰组合既极富形式美感，又满足了先民心理上的某种希冀，实现了陶器在造型、纹饰和功用上的高度统一和陶器纹饰风格的审美转型。

此外，夏代的一部分饮食类陶器还形成了一些其他的纹样形式。如敛口罐形鼎，其纹饰十分奇特，通体饰绳纹，又饰粗细适度的附加

陶器：土与火的结晶

堆纹，构成3组图案完全相同的璎珞状花纹，构图严谨，纹样新颖。

还有一件夏代陶鼎，其腹部饰以方格纹，三足的外侧有啜印的附加堆纹，其纹饰风格与一般陶鼎的通体篮纹迥异，开始追求美食与美器的和谐性，方格纹是二里头文化的陶器纹饰之一。

同时，夏代也有一部分陶器与很多玉器、青铜器一样，承载着礼仪的功能。其纹饰一方面赋予了陶器外在形式的瑰丽，另一方面又承载着特定的文化意味和精神特质，成为夏代先民宗教崇拜和统治权力的象征，这突出地表现为灰陶上的动物纹饰。

新寨二里头一期文化遗存中发现的陶器盖上的饕餮怪兽纹饰，其饕餮兽面额主体为近方圆形，蒜头形鼻略近心形，长条形鼻梁，上刻4条两行相隔较远的平行阴线，近臣字形纵目，高竖弄弯月眉，夹圆三角形三耳，两腮有鬃至耳附近，吻较长，两侧有双阴线勾带内弯，与中间的嘴构成类嘴之形。

如此恐怖而神秘的纹样与夏王朝专制统治的权威是相适应的，后来逐渐发展成二里头玉柄形器上的饕餮图案，甚至发展成为早商及其以后青铜容器的主要纹饰。

此外，二里头遗址的一陶片上还出现了刻画的龙纹，一头双身，头朝下，眼珠硕大外凸，在线刻龙纹的线条内涂有朱砂，眼眶内被染成翠绿色。夏代一透底器的外壁也塑以盘龙形象，龙身刻画菱形纹，底部为雷纹。夏代陶器中龙纹装饰的大量出现充分证实了《列子》所言夏后氏"人面蛇身"、帝孔甲"御龙以登天"的神话传说，以及夏人常以龙为化身和以龙为族徽的社会习俗。

夏代陶器上还有一种特殊的纹饰，即规整的文字刻符。随着原始理性思维的进一步发展，夏代先民日益注重陶器装饰的抽象写意式发展，甚至将某种具象图案转化成定形的刻画符号，二里头遗址出土的大口尊的口沿、肩部上就一共发现有20多种符号和陶纹，其笔画和结构与甲骨文甚为相似。

夏代先民已经不满足于对自然实物乃至想象动物的简单再现，而开始依据自己的审美感觉对其加以再创造，用简约的线条将其抽象化、定型化。这些文字刻符已不再只是陶器上简单的装饰了，在某种程度上就是成型的文字，甚至就是极具审美意蕴的我国书法的滥觞。

在这些抽象的文字符号中，或许还掺杂着先民浓烈的宗教观念，加之那种奔放无羁的个人抽象思维的注入，使先民的记事方式以及巫术、宗教信仰得以象征写意式的实现。

由此可知，我国早期的文字，不仅是作为记录思想和语言的工具，而且很早就当作独特的艺术形式处理的，所以夏代陶器上规整的文字刻符，从其诞生起就将感性的形式美和理性的抽象美有机地统一了起来，为陶器的装饰艺术开辟了一个全新的领域，并为后来青铜铭文艺术的出现作了一定的思维铺垫。

夏代陶器在烧成工艺上有些进步，出现了能产生更高温度的馒头窑：窑室呈圆形弧壁，并向上逐渐收敛，封顶隆起形似馒头，故名。

馒头窑可以提高陶器的烧成温度，陶器的质量得以提高。

三星堆文化是夏代人的一支从长江中游经三峡西迁成都平原、征服当地土著文化后形成的，同时西迁的还有鄂西川东峡区的土著民族。三星堆文化中的陶器封口盉、鬶、斝、高柄豆等都与夏文化有渊源关系，而且后者是源，前者为受后者影响所致。

三星堆文化中典型的器具有陶镂空圈足器、陶尊形器、陶小平底罐、陶鸟头勺把、陶高柄豆、陶瓶形杯、陶盉、陶高领壶、陶单耳杯、陶三足炊器等。其中最有特色的是陶鸟头勺把，这个器具在国内其他地方未见有记载，鸟头形象颇似鱼凫，即鱼鹰，此器不仅仅是生活用品，而是具象征意义的一种器物，当与祭祀活动有关。

拓展阅读

夏王朝的显著特征是崇尚武力，重视征战，王权统治空前强化。夏代陶器作为其社会风尚和审美意识的实物载体，无疑也打上了时代的烙印，无论造型设计还是纹饰构图，均形成了庄严与沉重并存的艺术风格。

夏代灰陶在造型结构方面，倾向于稳重而厚实的直方形结构，在纹样装饰上则讲究对称、规整，由早期生态昂然和流畅自如的写实和象生纹，逐渐演变为中后期庄严沉重的想象动物纹和抽象几何纹，并且特别突出了凶残神秘的兽面纹，其蕴涵的权威统治力量也明显加重。

如夏代陶鼎，四足深腹，厚实凝重。从总的趋向看，陶器纹饰的美学风格由活泼愉快走向沉重神秘，确是走向青铜时代的实证。

以白陶为特色的商代陶器

进入商代之后,各种器物的制作工艺渐进渐繁,开始设置分工之制,将工艺分为6种,即土工、金工、石工、木工、兽工、草工。土工是专于制造陶瓦之器的,在六工之中以土冠首。

商代早期以泥质灰陶为主,夹砂灰陶较夏代为多,有少量红陶、棕陶和白陶,而黑陶、黑衣陶已很少见。

在河南省安阳小屯发现的商代灰陶男女奴隶像,高5.5厘米至6.1厘米不等,共3件。盘发戴枷,男像枷手于背后,女像枷手于胸前,非常传神。

商代早期陶器的品种较夏代已经明显增多,烧成温度和质量也有提高,主要器

陶器：土与火的结晶

形有：炊器类的鼎、罐、甑、鬲。鬲逐渐代替鼎而成重要炊器。饮器类的觚、爵，食器类的豆、簋、三足盘，盛器类的瓮、盆、大口尊缸等。大口尊、圈足盘、簋是新出现器形。

这时期陶器纹饰以印痕较深的绳纹为主，约占八成以上。另有少量磨光素面，及磨光面上拍印的云雷纹、双钩纹、圆圈纹，附加堆纹的运用已较前大为减少，也开始出现一些动物形象和几何图案。

浙江省绍兴县鉴湖镇坡塘苗山发现的商代印纹陶瓮，口径25厘米，高42厘米，是盛贮用的容器。卷沿，短颈，溜肩，肩部堆贴四錾系，圆底内凹。颈部饰有弦纹数周，通体拍印席纹，纹样杂而不乱，富有一定的条理感，具有江南地域特征。灰白胎，胎壁不均匀，系泥条盘筑法成形，并且烧造温度较低，属印纹硬陶。

商代的一个重要陶器品种是建筑用陶，产生了我国最早的建筑用陶器陶水管。建筑用陶不仅增加了商代陶器的品种，而且从根本上改进了我国建筑面貌，为我国独特建筑风格的形成奠定了基础，同样具有深远的历史意义。

商代早期的建筑用陶水管是作为宫殿群排水用的，是一种一端粗、一端细的圆筒形管，一般长约40厘米，直径约14厘米，壁厚约1.2

厘米，表面饰有细绳纹。管较细的那端有约15厘米一段的绳纹被抹去，便于与另一管较粗一端套接。

商代中期，制陶技术进一步得到提高，包括灰陶、白陶、印文硬陶器、原始瓷器。以泥质灰陶和夹砂灰陶最多，约占同期陶器总数的90%以上，另有一些夹砂粗红陶、泥质黑皮陶、泥质红陶，白陶的数量占陶器总量的比例仍很小，但较商代早期有所增加。

河南省郑州商城遗址是我国最大的一处商代中期遗址，在其西墙外发现一处烧制陶器的手工作坊遗址，分布面积约达10000多平方米，其中有十几座残破的烧陶窑炉，显然是窑炉的集中场地。

另外还发现有经过淘洗的陶泥原料，制造陶器的用具和带有方格纹的陶印模。这些说明商代已有专门的陶器手工作坊。

商代中期陶器的口沿以卷沿为主，陶器底部以圜底为多，袋状足次之，圈足器较少。器形主要有：作炊器的鬲、罐、甑，作饮器的爵、觚、杯，作食器用的簋、豆、钵、鼎，作盛器的盆、瓮、大口尊、罐、壶等。

在造型上，商代中期陶器口部折沿基本不见，多为卷沿，底部主要是圜底和袋状足，圈足器增多，平底器大为减少。商代中期陶器的纹饰，绳纹所占比重更大，几乎达98%。

陶器上的纹饰，无论题材内容和表现手法都强烈地反映着当时人们的审美观念和情趣，都有鲜明的时代风格和特点。商中期在制作精细的簋、

豆、盆、罐、壶、瓮的腹部、肩部、圈足上，常有由图案纹饰组成的带条。

主要纹饰有：夔纹、饕餮纹、方格纹、人字纹、花瓣纹、云雷纹、涡漩纹、曲折纹、连环纹、乳钉纹、蝌蚪纹、圆圈纹、火焰纹等。其中以饕餮纹组成的带条最多，一般是3组饕餮纹构成一个条带。饕餮纹在陶器上大量拍印，仅在商代中期最为盛行，到商代后期就很少见到了。

陶制雕塑在商代早、中期开始盛行，以动物形状为主。在河南的商代遗址中发现有陶龟、陶羊头、陶蛤蟆、陶虎、陶鱼、陶猪、陶人座像和陶鸟等雕塑品，形象生动逼真，其中以陶龟数量最多。

陶蛤蟆不仅姿态生动，而且在背上还印刻有密集的小圆圈纹，以显示蛤蟆背部的特征。

陶塑的陶羊头，双角向前弯曲，眼、鼻、口生动逼真，可以非常清楚地看出一个绵羊的形象。

商代中期的白陶，在我国南北方的不少文化遗址中都有发现，以安阳殷墟数量最多，其烧成温度和质量都有提高。而起源于江南地区和东南沿海一带的印文硬陶器，在制陶手工业的工艺技术不断提高的基础上，也有了很大的发展。

商代陶器在烧成工艺上有很大提高，馒头窑是主要的窑型。在江南地区新出现一种比馒头窑更为先进的陶窑，称为龙窑。

在浙江省上虞，江西省吴城均发现了商代龙窑。这种窑一般依山势建在山坡上，窑身呈长条形倾斜砌筑，外观上形似一条龙从下而上，故名龙窑。

龙窑比起横穴窑、竖穴窑、馒头窑来，有多种优点，因为依山而

建并呈倾斜向上的窑炉本身就有自然抽力，所以窑炉火势大，通风力强，升温快。

人们可以根据生产需要和技术条件，增加窑的长度，从而提高窑的装烧量，还容易维持窑内的窑炉气氛，这就使商代的陶器有了很大的发展，并在商代中期开始了我国由陶到瓷的过渡，诞生了我国最早的原始青釉瓷器。

商代后期仍以泥质灰陶和夹砂灰陶为最多，另有少量的泥质红陶。同时，商代晚期白陶得到了高度发展，成为当时占陶器中比例不大却十分名贵、重要的一个陶器品种。

商代后期陶器的器形，作饮器的主要有爵、觚、斝，作炊器的鬲、罐、甗，作食器用的簋、豆、钵、鼎，作盛器的盆、瓮、大口尊、罐、壶等。

鬶型器来源于中华原始文明的东部那个多以鸟为图腾的部族，它最原始的形态即是鸟的抽象：鸟类尖尖的啄成为器物的流，颈几乎原样保留下来，躯体构成界限并不明显的器身，双腿和羽尾则形成此类器物三足支撑的基本形态。

但渐渐地，它开始向整个的动物群体蔓延。许多家畜的抽象形态，成了鬶型器家族的新成员。

一件商代灰陶鬶，它是由3个夸张的圆锥体构成，加上柄、注、流的奇特制法和巧妙配置就造成了其独特的抽象美。

怎么看它都像一头既可爱，又呆头笨脑的猪；但它却并不是一个确定的畜类，它所具有的是一种难以言述的美感，传达着一个昂首伸嘴、跃跃欲动的生命的信息和动感。

另一件白陶鬶，同样3个变形圆锥体的组合和柄、注、流，只是不再那么丰满浑圆，只是将背部适度地拉长了一些，憨态与乖巧既泾渭分明，又相源相本。

这时仍有精美的陶塑作品。江西省清江吴城商代后期遗址中，发现有鸟、人面、陶祖等陶雕塑品；在陕西省也发现有形象生动逼真的陶牛头、陶鸟等。

这时的陶器纹饰仍以绳纹为主，另有一些刻画纹、凹线纹、弦纹、附加堆纹、镂孔等。商代中期盛行的饕餮纹、云雷纹、方格纹等带条状精美图案纹饰，这时期陶器上已很少见到。

在造型上，商代后期陶器中的平底器，圈足器较前一时期明显增多，袋状足也不少，而圜底器则有所减少。

商代后期是我国白陶器的高度发展时期。白陶早在新石器时期晚期就已出现。至商代，由于烧成温度提高，原料的淘洗亦较精细，致使白陶质地更加洁白细腻。

白陶是指器胎的表里都呈白色的一种陶器，采用含铁量比陶土低的瓷土或高岭土制作而成。刻纹白陶的创制和使用，是商代晚期制陶工艺的新成就，它的硬度耐火度吸水率都较以往的陶器有质的飞跃，并为后世制瓷业的发展奠定了重要的物质基础。

商代后期，在黄河流域的商代晚期遗址与墓葬中均发现不少白陶，其中以河南省安阳殷墟出土的白陶最具特点，器物有觯、壶、尊、卣等酒器和鼎、豆、盘、簋等食器。

河南省安阳小屯发现的白陶罍，高33.2厘米，口径8.5厘米，白陶极为细致，肩部饰以4只单眼兽纹样和细腻的带状纹，罍身相互配置山形纹，肩部有两个穿孔的兽颈形突起，身下部也有一个相同的装饰。

白陶的纹饰常见有云雷纹、漩涡纹、饕餮纹、蝉纹、曲折纹、夔纹等。特别是将细腻的雕刻作为白陶的主要装饰技法，显示了商代后期白陶的高度发展水平。

夏商两代，白陶专为奴隶主贵族享用，因其质地坚硬，洁净美观，做工十分考究，故惹人喜爱。到了商代后期，这种风气越演越烈，精品出了很多，产量却很少。

西周以后，由于印纹硬陶和原始瓷器的兴起，白陶器逐渐减少以至根本不见，所以商代晚期的白陶成了稀世珍品。

商代后期还出现一种"三通"陶水管，是为了作纵横两条水管"丁"字形相交用的。

拓展阅读

商代还盛行印纹硬陶，胎质比一般泥质陶器细腻、坚硬，烧成温度也要高，而且在器表拍印以几何图形为主的纹饰。

由于所用原料含铁量较高，所以印纹硬陶器的表里和胎质颜色多呈紫褐色、灰褐色、红褐色和黄褐色，其中紫褐色硬陶的烧成温度最高。少数印纹硬陶的器表还显有在窑内高温熔化而成的光泽，好像施有一层薄釉似的。

我国长江以南地区和东南沿海地区发现的印纹硬陶数量较多，而且延续的时期也较长。

陶器：土与火的结晶

简朴实用为主的周代陶器

西周陶器仍以泥质灰陶和夹砂灰陶为最多，但灰陶的品种逐渐减少，也有少量夹砂红陶和泥质红陶。泥质黑陶和白陶到西周后期已经不见了。

西周时期烧造陶器的窑炉主要还是馒头窑，龙窑的使用还是相当少。

夏、商时期的各种陶器有20多种，西周时期减少到十几种，西周陶器的器形，炊器主要有鬲、甑，饮器主要有爵、觚等。但已经很少，作食器用的主要有豆和簋，作盛器用的主要有罐、瓮、盆、盂等。

一件西周灰陶单耳带鋬罐，高7厘米、口径11.5厘米。泥质灰陶。敛口，扁圆腹，平底。口前沿处捏有凸出槽状流，器侧有一拱形鋬。

这一时期陶器器表的花纹装饰也日趋简单，拍印的图案纹饰在陶器上已很少施用。纹饰仍以纹理较粗的绳纹为主，另有一些划线纹、篦纹、弦纹、刻画三角纹等，这时附加堆纹已很少使用。

在造型上，西周陶器以袋状足、圈足、平底为主要特征。

西周的青釉锯齿纹四系罐，高27厘米，直斜短颈，丰肩，腰部至脚处渐斜收，圈足，全身施青釉，厚薄不匀明显。

还有一件西周青釉大口尊，高12.3厘米，口径18.7厘米，足径12.5厘米，简朴而实用。

商代早期已经出现了我国最早的建筑陶水管，到了西周初期，又创制出了板瓦、筒瓦和瓦当等建筑陶器。板瓦是仰铺在屋顶上，筒瓦是覆在两行板瓦之间，瓦当是屋檐前面的筒瓦的瓦头。

西周中期发展为板瓦、筒瓦、半圆瓦当和脊瓦等多种。瓦的各种纹饰也有数十种之多。

西周筒瓦大的长可达50厘米，小的也达22.5厘米，厚1.2至1.5厘米。筒瓦表面有各种绳纹、云雷纹等，内壁中部有一长约5厘米的圆柱形或圆锥形瓦钉，用来把瓦固定在房顶上。

陶器：土与火的结晶

板瓦一般长48厘米至53厘米，宽29厘米至34厘米，厚1至2厘米。板瓦的外面也有一两个约长3厘米的圆瓦钉。

这时的瓦是用泥条盘筑法烧制，先制成筒形的陶坯，然后剖开筒，入窑烧造。四剖或六剖为板瓦，对剖为筒瓦。古人称剖瓦为削，削开后谓之"瓦解"。

西周的陶制生产工具主要有：纺线用的扁圆形带孔陶纺轮，捕鱼用的两端带有凹槽的陶网坠，制陶用的蘑菇状陶抵手和狩猎用的陶弹丸等。还有熔铸青铜器用的工具，如熔炼用的陶坩埚和铸造用的陶范与陶模等。

山西省侯马就发现有兽头陶母范，侯马曾是晋国的都城，证明这里曾大批铸造过青铜器。

在周代可考的制陶之人为虞阏父，为陶工之官，称为陶正，娶帝室之女为妻，且封为诸侯，固可推知当时陶器关系之重大。

帝舜是上古时著名的制陶专家，他的子孙也继承了这种技术，擅长于制陶，正因阏父给周立下了大功，周武王便将长女大姬嫁给阏父之子满。周武王便另封满于陈，以奉舜帝之祀。所以，《左传》襄公二十五年道：

子产曰：昔虞阏父为周陶正，以服侍我先王，我先王赖

> 其利器用，与其神明之后，以备三恪，庸以元女太姬配胡公而封诸侯。

满即陈胡公，是西周所封陈国的第一代国君。

东周又分为春秋和战国，春秋陶器以泥质陶为主，夹砂灰陶次之，另有少量夹砂红陶和夹砂棕陶。常见器形，作炊器的主要是鬲、釜、甑，作食器的主要有豆、盂、盘，作盛器主要有瓮、盆、罐。

春秋带盖双系耳罐，高10.7厘米，口径6厘米，底径7厘米，细泥质灰陶。制作精巧，装饰美观。

此外，从商代晚期开始出现的专用于随葬的陶明器，春秋时期有较大的发展，有仿青铜礼器的鼎、盘，也有仿日用器的鬲、罐、豆、盂等，陶器的造型以平底器和三足器为主，有少量圈足器。

春秋陶器纹饰更为简单，主要是粗绳纹、瓦旋纹。可以看出，春秋时期陶器不仅品种减少，而且纹饰单调，大约是因为当时的陶器手工业的主要力量，用于生产和发展更为先进适用的原始瓷上去了。春秋时期的陶器表面除素面外，基本上都成了绳纹。

春秋青釉印纹罐，高29厘米，口径13.7厘米，底径20.5厘米，直口、低领、折肩、筒形深腹微鼓、平底。通体满饰蟠螭纹图案带条。

陶器：土与火的结晶

器表施青褐釉，造型美观，装饰华丽。

还有几何印纹硬陶罐，高24.6厘米、口径15厘米、腹径28.2厘米、底径17.6厘米。印纹硬陶。小口、口沿外卷、低领、凸圆肩，深腹略鼓，大平底。器表满饰拍印的小方格纹。胎质坚硬，呈灰褐色。

圈点纹双耳黑衣陶罐，高13.4厘米、口径5.6厘米、底径10.1厘米，为泥质黑衣灰陶。小口、低领、圆溜肩、扁圆腹、平底。肩部有两个对称的双系耳。器表涂黑色陶衣，并拍印有密集的小圆圈纹组成的数周带条。装饰美观而华丽。

除了日用陶器皿外，就是大量生产板瓦、筒瓦等建筑用陶的构件了。春秋时期建筑用陶又有了新发展，出了方形或长方形薄砖，这是我国建筑的用砖之始。陶水管、板瓦、筒瓦、瓦当也得到大量使用。

春秋时期的瓦同西周的瓦有明显的不同，春秋的比西周瓦略小而稍薄，春秋时期的瓦基本上没有瓦钉，即瓦鼻，少量用瓦钉的瓦，也不是如西周瓦把瓦钉固定在筒瓦的内面，板瓦的外面，而是把瓦钉制成带有钉帽的单独构件，在板瓦或筒瓦一端近头处挖一个小圆孔，使用时将瓦钉通过瓦上圆孔插入房顶上以固定瓦。

还有，春秋时筒瓦或瓦当的一端出现了稍小于瓦头的瓦榫头，便于两个筒瓦相接处更为吻合。

春秋时期陶工内部还有了更细的分工,一是陶人,用陶钧,所掌皆炊器;二是旅人,用模型制陶,所掌皆礼器。这种非常专业的分工,据说来自于春秋时著名的相臣范蠡。

相传春秋时,范蠡帮越王灭掉吴国后,弃官同西施逃到了宜兴丁山一个叫台山的村子隐居下来。他发现当地黄龙山的泥土可以做陶器,就教大家采泥做坯、筑窑烧陶。

俗话说:"万事开头难。"范蠡虽然把陶器烧出来了,但烧的陶器不是变形,就是没有烧透,而且陶器上有许多裂缝。一时范蠡也找不到解决的办法。

有一天,西施淘好米,动手烧饭。范蠡见火苗很旺,射得很高,心想这不是浪费柴火吗?就把垫在锅底的三块石头拿掉。

西施说:"锅子压在火上,火就烧不旺了。"果然,三块石头拿掉后,火就萎了下去。

范蠡想:假如烧窑时泥坯不着地,垫空烧,不是容易烧透吗?按照此法,烧出来的就都很透了,后来,人们称这种石头叫"脚石"。

又有一天,范蠡做完活回家,西施正在烧饭。烧着烧着,饭锅滚了。西施赶紧把灶里的木柴夹出

陶器：土与火的结晶

西周·印纹陶罐

来，只留几块在里面。

范蠡问："为什么把柴夹出来？"

西施说："饭烧滚后要闷一闷，要'还火'。如果一直用大火烧，时间短了做成生饭，长了烧焦了。"

等到西施还了火，开锅盛出饭来，粒粒似珍珠。范蠡吃着吃着，突然想：烧陶器不也和烧饭一样吗？如果一直用猛火，米粒吃不消，就烧焦了；陶器吃不消，就烧裂了。假如烧烧，闷闷，既可烧透，又不裂了吗？

后来范蠡照着这个方法做，果然成功了。他把这些方法教给当地百姓，从此丁蜀窑场就兴旺起来。后来，人们尊奉他为"陶朱公"，在蠡墅崇福寺塑了他的像，每年农历四月初七范蠡生日，隆重纪念他，他居住过的地方就改名为"蠡墅"了。

到了战国时期，已经出现了大量形象的陶塑作品，但由于当时制陶工艺的局限性，陶塑的个体大都很小，如战国的舞队俑，这些舞俑虽然异常生动有趣，整个舞队虽然表现出了惊人的艺术魅力，但毕竟每个小俑人仅有5厘米高，充其量只能作为案头的小陈设。

战国中后期，泥质灰陶大型器开始大量出现。它不仅标明当时制陶工艺的进步，而且为后来大型陶塑的出现，奠定了坚实雄厚的工艺基础。

陕西省咸阳黄家沟砖厂战国秦墓的陶熏，长21厘米，通高16.7厘米，陶质呈灰色，作伫立状的马形。马昂首卷尾，竖耳前瞻，四足早年已断，古人将下部磨平着地。马腹空腔，嘴作气孔，背负桶形器。桶身饰斜方格暗纹，盖上塑一蹲踞状蟾蜍，与蟾蜍对应的器沿塑一只小犬。

小犬仰头张口对着蟾蜍吠叫，蟾蜍则张口鼓腹，静静地注视着它对面的小犬，生动活泼，栩栩如生。背上有3排12个镂孔，用以透气，桶中有隔箅，圆形箅孔用以通风。

这件陶熏造型奇特，构思巧妙，集实用性与欣赏性为一体，是一件不可多得的艺术珍品。

整个战国时期，七雄各霸一方，各国所用瓦当各具特色，瓦当艺术第一个鼎盛时期形成了，其中以秦、燕、齐三国瓦当艺术成就最高，形成战国瓦当艺术三分天下的鼎盛局面。

战国时期的瓦当可分素面和带有花纹、文字的两大类，各地所出花纹瓦当各具特色，燕国多为婆婆纹；齐以树形纹为主，还有带文字的；周以饕餮纹为多，但已简化，仅突出饕餮的双目，以后渐转为卷云纹。

河北省易县燕下都遗址发现了我国最大的饕餮纹半瓦当"燕国饕餮纹半瓦当"，燕下都是燕昭王时期修建的，是燕国通往齐、赵等国的咽喉，也是燕国南部

的政治、经济、军事重镇。

"燕国饕餮纹半瓦当"的纹样借用了商周青铜器上的图形。饕餮是一种传说中的神兽,相传它"有首无身,食人未咽,害及己身"。因此,器物上出现的这种怪兽均只有头部形象,具有较高的收藏价值。

拓展阅读

2012年,甘肃省甘谷县毛家坪遗址考古出土了一批周代陶器,展示了秦人和戎人在这一区域的文化融合。

甘谷县毛家坪遗址由居住区和墓葬区构成,2012年进行的考古发掘是甘肃省文物考古研究所、北京大学、陕西省考古研究所、西北大学、国家博物馆等单位在甘肃联合进行的《秦早期都城和陵墓调查发掘项目》的组成部分。

在居住区和墓葬区都出土了一批西周至东周时期的陶器,已清理和修复的有80多件。这些陶器大多是灰陶,主要有两类,一类是展示早期秦人文化的秦式鬲,另一类是展现戎人文化的铲形袋足鬲。另外,还出土了陶甗、陶罐等。

毛家坪遗址考古发掘出土的陶器,为研究早期秦人与戎人的文化交流与融合提供了宝贵的实物资料。

秦汉隋唐陶器

秦代陶器的品种繁多,大多仿铜器的造型。特别是兵马俑,被誉为世界奇观。西汉的陶塑继承了秦代艺术风格,深沉雄大。

三国两晋南北朝时期的陶器,以骑士俑等明器为主,北魏的彩绘陶俑发式、甲胄多为少数民族装束。隋唐时期是我国文化经过长期酝酿开始进入鼎盛的序曲,最著名的陶器是唐三彩。

以兵马俑为代表的秦代陶器

秦朝历史只有30多年，真正被确定为具有秦代标准特征的陶器，主要是发现于关中地区的秦都咸阳和临潼秦始皇陵区周围秦俑坑与秦代墓葬内。

从陕西省秦都咸阳阿房宫和临潼秦始皇陵墓周围的秦代陶器和砖瓦上的陶文戳记内容来看，计标记有："都"、"都昌"、"左司"、"右司"、"宫皇"、"宫屯"、"宫水"、"左宫"、"右宫"、"右空"、"左胡"、"都司空"、"寺水"、"太匠"等，均属于当时秦朝中央官署直接管辖的制陶作坊。

这些官署管辖制陶作坊生产的砖、瓦与陶器，可能是专供秦国和秦朝宫殿建筑和陵园建筑之用。

在咸阳城遗址发现的日用陶器和一部分砖瓦上还发现印有"咸阳成申"和"咸阳如倾"字样的戳记，这些陶器与砖瓦可能是咸阳地方官府所属制陶作坊的产品。

在秦始皇陵附近还发现印制有"栎阳"、"苣阳"、"丽邑"等地方

名称的戳记，这也可能属于地方官府所辖的制陶作坊的产品。

在秦咸阳城遗址的陶器上，还印制有"咸郱里角"和"咸内里喜"等戳记，它是在工匠人的名前冠以里居地名，因而带有这种印戳的陶器，有可能是私人作坊的产品，依此可以看出秦代的制陶业是相当发达的。

私人制陶作坊的产品，显然是作为商品生产的，秦的制陶业似乎已有了明确分工。

秦代日常使用的实用陶器，主要以泥质和砂质灰陶为多，也有一些红陶。炊器有小口、圆腹、圜底、砂质陶釜和一些敛口、袋足、弧形裆陶鬲，以及大口、斜壁、平底陶甑。食器有大口、浅腹钵和大口、或直口、浅腹、平底碗等。

盛储器有小口、短颈、深腹、平底瓮，小口、折沿、深弧腹、平底罐，敞口、斜壁、平底盆，小口、折沿、短颈、横椭圆形腹、小圈足、茧形壶和口似蒜头、细长颈、圆腹、平底蒜头壶等。

陶器：土与火的结晶

茧形壶壶腹似鸭蛋形，所以也称鸭蛋壶，是秦代具有代表性的陶器，器表除饰印绳纹外，还施有一些划纹、弦纹与彩绘。陶器的制法均为轮制。体型较大的异型容器，也有采用泥条盘筑法制成的。

秦都咸阳宫殿遗址中发现的窖底盆，口和底均似椭圆形，口缘外卷，腹部略向外突，厚实坚硬，数节相套，口径1米，高60厘米，底径50厘米，可能为贮粮之用。

还有陶仓，为明器，战国时秦墓中就有发现，秦始皇陵附近的陶仓器身较矮，上有模拟平顶斜坡式的圆形屋顶，仓身正面中间开有一个扁方形门洞。

秦墓随葬的陶器，大部分为实用器，也有专为随葬烧制的明器。形制有小口、圆腹、圜底釜，小口、圆肩、深腹、平底瓮和小口、深腹、平底罐，还有一些盘、勺、钵、鼎、钫、茧形壶、蒜头壶与甑等。器表除饰绳纹与弦纹外，也有一些彩绘陶器。

关中地区的秦墓还有铲形袋足鬲、瓮、鼎、敦、壶、盘、匜、杯、勺等陶器。咸阳秦墓有一件体型特大的茧形壶，壶腹用泥条盘筑而成，并经过打磨与修整，外壁用宽扁形的泥带和弦纹装饰，口颈与圈足是分件制作粘接成一整器。

湖北省云梦秦墓随葬陶器除有瓮、钵、茧形壶、蒜头壶、釜、甑等实用陶器外，并有灶、鼎、钫等明器。部分陶鼎与陶钫的器表髹黑漆或褐漆，漆衣上又彩绘出云气纹和变形鸟头纹。许多小口陶瓮、陶壶、陶釜的器表上还印制有"安陵市亭"的戳记。

秦代陶器质地细腻，颜色多为浅灰色，原料经过良好加工。一般用泥条盘筑法成型，也有的用陶轮成型，弦纹装饰在陶轮成型过程中做出。

秦皇陵兵马俑个个形体高大，和真人真马大小相似，形象生动而传神。整个军阵严整统一，气势磅礴，充分展现了秦始皇当年"奋击百万"、"战车千乘"统一中国的雄伟壮观情景。

秦兵马俑的烧成，是陶瓷工艺史上的空前壮举，它不仅反映了当时的文化艺术、科学技术和生产水平，而且为研究秦代烧陶技术和雕塑艺术提供了极其宝贵的实物资料。

陕西省临潼县骊山脚下有几个兵马俑坑，兵马俑坑是秦始皇陵的陪葬坑，位于陵园东侧约1.5千米处。

数以千计形体高大的陶人陶马以各种姿态组成一个雄伟的军阵。武士身着铠甲战袍，手持各种兵器，按照一定的队形，井然有序地排列，整个军阵威武雄壮、严整统一，展示出当年兵强马壮、斗志昂扬的秦国军队的雄姿。

3座兵马俑坑坐西向东，呈"品"字形排列，坑内有陶俑、陶马8000多件，还有5万多件青铜兵器。坑内的陶塑艺术作品是仿制的秦宿卫军。在地下坑道中的所有卫士都是面向东方放置的。

一号坑最大，它东西长230米，南北宽62米，深5米左右，长廊和11条过洞组成了整个坑，井然有序地排列成环形方阵。与真人马大小相同、排成方阵的6000多个武士俑和拖战车的陶马被放置在坑中。

陶器：土与火的结晶

坑东端有3列横排武士俑，手执弓弩类远射兵器，似为前锋部队，其后是6000铠甲俑组成的主体部队，手执矛、戈、戟等长兵器，同35乘驷马战车在11个过洞里排列成38路纵队。

南北两翼的后卫部队，有武士俑500余件，战车6乘，战马24匹。

一号俑坑东端有210个与人等高的陶武士俑，面部神态、服式、发型各不相同，个个栩栩如生，形态逼真，排成3列横队，每列70人。

其中，除3个领队身着铠甲外，其余均穿短褐，腿扎裹腿，线履系带，免盔束发，挽弓挎箭，手执弩机，似待命出发的前锋部队。

这支队伍阵容齐整，装备完备，威风凛凛，气势雄壮，是秦始皇当年浩荡大军的艺术再现，具有强烈的艺术感染力。

二号坑是另一个壮观的兵阵。有陶俑、陶马1300余件，战车89辆，是一个由步兵、骑兵、战车等3个兵种混合编组的曲阵，也是秦俑坑的精华所在，整个军阵就是秦国军队编组的缩影。

二号坑大致可分为弩兵俑方阵、驷马战车方阵、车步骑兵俑混合长方阵和骑兵俑方阵4个相对独立的单元。其中将军俑、鞍马俑、跪姿射俑为首次发现。

三号坑与二号兵马俑坑东西相对，呈"凹"字形。三号坑经推断是用来统帅一二号坑的军幕。门前有一乘战车，68个卫士俑以及武器都保存在坑内。

秦皇陵兵马俑多用陶冶结合的方法制成，先用陶模做出初胎，再覆盖一层细泥进行加工刻画加彩，有的先烧后接，有的先接再烧。

由于陶俑体型高大，制作时，首先考虑如何能使它稳固地站立起来，于是陶工们想了两个办法：一是将腿部做成实心圆柱体，承受腿部以上躯体的重量，使之不易压塌；二是在俑的足下粘接一块足踏板，这样除了可以增加下部的重量，降低重心外，还可以使俑和地面的接触面增大，从而使陶俑的稳定性大大增加。

兵马俑的车兵、步兵、骑兵列成各种阵势，整体风格浑厚、健美、洗练，但每一个兵士的脸型、发型、体态、胖瘦、表情、眉毛、眼睛和年龄、神韵均有差异；陶马有的双耳竖立，有的张嘴嘶鸣，有的闭嘴静立，人和马都富有感染人的艺术魅力。

统一六国之后，秦国实行全国征兵制，兵源来自全国各地，这恐怕是他们在脸型、表情、年龄上有差别的主要原因。

秦俑大部分手执青铜兵器，有弓、弩、箭镞、铍、矛、戈、殳、剑、弯刀和铖。

工匠们用写实的艺术手法把它们表现得十分逼真，在这个庞大的秦俑群体中包容着许多显然不同的个体，使整个群体更显得

活跃、真实、富有生气。

纵观这千百个将士俑,其雕塑艺术成就完全达到了一种艺术美的高度。无论是千百个形神兼备的官兵形象,还是那一匹匹跃跃欲试的战马塑造,都不是机械的模仿,而是着力显现它们内在的生气、情感灵魂、风骨和精神。

将士们有的头挽发髻,身穿战袍,足登短靴,手持弓弩,似为冲锋陷阵的锐士;有的免盔束发,身穿战袍,外披铠甲,手持弓弩,背负箭镞,似为机智善射的弓箭手;有的头戴软帽,穿袍着甲,足登方口浅履,手持长铍,似为短兵相接的甲士。

还有身穿胡服的骑士,外着铠甲,头带软帽,足登短靴,一手牵马一手提弓;有头戴长冠的驭手,两臂前伸,双手握缰,技术熟练;有头戴长冠身穿战袍的下级指挥官,着长甲,手执吴钩;有头戴鹖冠,身着彩色鱼鳞甲,双手扶剑,气度非凡的将军。

一般的战士也是各有表情：有的嘴唇呶起胡角反卷，内心似聚结着怒气；有的立眉圆眼，眉间的肌肉拧成疙瘩，似有超人的大勇；有的浓眉大眼，阔口厚唇，性格憨厚纯朴；有的舒眉秀眼，头微低垂，性格文雅；有的侧目凝神，机警敏锐；有的昂首静思，有的低首若有所思，两者虽然得刻画一个"思"字，由于表现手法不同，前者给人的印象是气宇轩昂略带傲气，后者沉静文雅。

其中，骑兵在服饰装束及高度等方面都是严格模拟古代骑兵的战时形象，与步兵、车兵俑明显不同。

它们头戴圆形小帽，帽子两侧带扣系在颌下，身着紧袖、交领右衽双襟掩于胸前的上衣，下穿紧口连裆长裤，足蹬短靴，身披短而小的铠甲，肩上无披膊，手上无护手甲。衣服具有短小轻巧的特色，骑兵俑特殊的装束也与骑兵的战术特点密切相关。

每匹战车的陶马，两耳竖立，双目圆睁，张鼻嘶鸣，跃跃欲试。一件件骑士俑，右手牵马，左手提弓，机警地立于马前，一旦令下，就将驰骋疆场。

仔细观察，陶俑的某些细部如发丝、盔甲上的铁板乳钉、皮带扣子，甚至人俑鞋底上麻线的针脚都表现得清清楚楚。兵马俑全部加以彩绘装饰，颜色有黑、红、蓝、白、粉红等。色彩既艳丽又和谐。

从制作的方法来说，秦俑的制作，是将头、躯干、腿等分别以模制法制成后粘接在一起。人俑的上身呈空心状，内壁隐约可见到工匠的指纹。

秦汉时期是我国古代第一个封建盛世，这一时期我国经济发达，社会文化发展迅速，秦汉时期建筑用陶在制陶业中占有非常重要的位置，其中最富特色的为画像砖和各种纹饰的瓦当，这就是著名的"秦砖汉瓦"。

在秦朝都城咸阳宫殿建筑遗址，以及陕西临潼、凤翔等地发现众多的秦代画像砖和铺地青砖，除铺地青砖为素面外，大多数砖面饰有太阳纹、米格纹、小方格纹、平行线纹等。

另外用作踏步或砌于壁面的长方形空心砖，砖面或模印几何形花纹，或阴线刻画龙纹、凤纹，也有模印射猎、宴客等场面的。

秦时瓦当也向艺术化发展，就在瓦当这一小小的图形空间内，我国古代聪明的匠师们创造了丰富多彩的艺术天地，属于我国特有的古代文化艺术遗产。

瓦当一般为泥质灰陶，陶土一般要求土色纯黄，黏性较好，沙石较少的黄壤土烧制而成。约公元前677年至公元前383年，雍城作为秦国都城，而首先成为秦瓦当的重要生产地区。后来，秦国迁都栎阳，又迁都咸阳，情形也是如此。

秦砖有山形纹、树纹和云纹，和关东六国的瓦当颇为相像。最早使用圆形瓦当、采用当面四分法和当心采用圆形装饰的秦瓦当，直接影响了汉代瓦当，并引导瓦当艺术在西汉形成第二个高潮。

秦始皇陵园及周围遗址出土的秦砖，陶土多取骊山泥土，未添加其他材料。因泥土本身含有多种矿物成分，经烧制后十分坚固耐用。

秦砖颜色青灰，质地坚硬，制作规整，浑厚朴实，形式多样。其中方砖长34厘米至70厘米，厚10厘米至20厘米。

而长条空心砖长38厘米至53厘米，宽35厘米至38厘米，厚2厘米至4厘米；长方形空心砖长65厘米至136厘米，宽33厘米至38厘米，厚18厘米。另外条砖、子母砖、企口砖、五棱砖、曲尺形砖长22厘米至40厘米，宽10厘米至20厘米，厚2厘米至9厘米不等。

据调查，秦陵及周边发现的条形砖有大型和小型两种，大型的秦砖长42厘米，宽18厘米，厚8.9厘米，重14千克；小型的长28厘米，宽14厘米，厚7厘米，重达5千克。

条形砖一般具有3个特征：饰有细绳纹；胎体细密且含有石英砂等矿物质；密度大、质地坚硬；做工细腻、规矩，分量很重。

素面砖也是秦汉时期最常用的砖种之一，砖面上没有任何纹饰，与花纹砖相对，主要用于铺地，所以也称为铺地砖。

秦砖除了素面砖以外，还有花纹种类多样的方砖，有粗细绳纹、交错绳纹、平行绳纹、方格纹、太阳纹、米字纹、乳丁纹、方格纹、曲尺形纹、菱形纹、回纹、云纹，或以两种不同纹饰相间于长方形空心砖。

拓展阅读

秦代制陶工艺的成就很重要的一个方面，体现在陶俑的塑造和烧成。显示其惊人成就的，是考古调查和发掘的秦始皇陵兵马俑。

在陕西临潼西杨村西南，发现3个皇陵陪葬坑，一号坑面积达14260平方米，按发掘部分密度推算，该坑埋藏兵马俑总数达6000多尊。二号坑面积约6000平方米，埋藏陶俑有1400多尊，战车89辆。3号坑面积520平方米，战车1辆，战马4匹，武士俑68件。

这些陶俑是秦始皇在世时用强力从全国各地征调来服徭役的陶工、雕塑工匠和刑徒耗费10年左右的时间制作的。这些陶俑是伟大时代的辉煌产物，它体现出的雕塑法则，影响着秦以后2000多年我国雕塑艺术的发展。

陶器：土与火的结晶

以彩俑为代表的汉代陶器

　　两汉前后延续了近500年，是我国历史上的一个重要时期，也是我国陶瓷艺术发展的一个重要时期。汉代艺术陶数量之多、种类之丰富，超过了以往的任何时期。

　　汉代陶器主要是各种饮食器、贮藏器等容器，也包括其他生活用具，以及专为随葬而制作的明器。因年代和地区的差异，器物的种类形态、制法、纹饰及烧成温度等都有所不同，大体上可分灰陶、硬陶、釉陶和青瓷4大类。

　　河南省荥阳牛口峪发现的西汉彩绘双鸟怪兽陶壁壶，通高45厘米，宽25厘米，壶为壁壶式，呈蹲兽状，直口，蒜

头，器身雕塑成一怪兽，瞋目，呲牙，上戴蒜头形冠，身着衣物，双臂双腿挽起，双手双足为鹰爪，上部两爪抓一鱼，作欲吞状。

双鸟怪兽陶壁壶通身彩绘，以白色为底，其上绘毛；壶两侧附加堆塑双鹰，鹰扭头立于兽肩，长尾与下部鸟首相接，鹰首绘有头、目、嘴，鹰身绘羽毛；壶背面绘一尖耳圆目的怪兽。

灰陶是汉代最主要的陶系，已普及到全国各地。汉代灰陶容器是继承商周以来的传统而进一步发展，在制作技术上达到更高的水平。一般都呈青灰色，火候均匀，烧成温度约在1000度以上，质地坚实。

灰陶凡属圆形的容器，其坯胎多系轮制，形状规整，表面较光滑。除了随着陶轮的旋转而刻画的少许平行的弦纹及一些局部几何形划纹和印纹以外，基本上是素面的。

西汉前期，少数容器如瓮、罐之类，偶尔还带有一些不甚明显的绳纹；西汉中期以后绳纹则基本上绝迹。有些灰陶器绘有彩色的花纹，称"彩绘陶"，其花纹的陶器烧成后才绘描的，易于脱落。这种"彩绘陶"只发现于墓葬中，不见于居住址，可见是专为随葬而制作的。

有些灰陶器表面涂漆，是模仿当时的漆器。战国时期流行的陶豆在西汉前期还偶有所见，但不久即消失。战国后期开始出现的陶钫，盛行于西汉，东汉时已不见。

硬陶流行于长江以南，包括广东、广西、湖南、江西、福建、浙江及江苏南部等地区，用当地一种密度较大、黏性较强的黏土制成。与灰陶相比烧成温度更高，陶质更坚硬，故称硬陶。

汉代的硬陶是继承华南地区自新石器时期后期以来的"几何印纹硬陶"的传统。一般圆形的容器，主要亦系轮制。器物表面往往拍印细密的方格纹，或刻画有波状纹、锯齿形纹等。

器物的种类，多属瓮、罐、壶、盒、碗等容器。有些器物，如匏形壶、三足罐、四联罐或五联罐等，在形态上有显著的地方性特色。

汉代制陶业的一项新发明，是浓厚的棕黄色和绿色的釉陶。烧成温度约为800度，内胎呈砖红色。由于主要流行于黄河流域和北方地区，所以也称"北方釉陶"。

釉陶开始出现于西汉中期，先在陕西中部和河南流行，西汉后期，迅速普及到黄河流域和北方地区。东汉时，长江流域也有所见。

棕黄色的釉陶出现较早，绿色的釉陶出现较晚，但东汉时后者大量流行，较前者更为普遍。器物种类有鼎、钟等仿铜容器，也有仓、灶、井、楼阁等模型及鸡、狗等动物偶像。由于陶质不坚，釉也易于脱落或变质，只存在于墓葬中而不见于居住址，可以认为是专供随葬用的。

江苏省仪征市刘集联营赵庄发现的西汉青釉陶熏，高19.1厘米，口径9.6厘米。灰白陶质。器作子母口，浅腹，下腹斜折，倒置豆形足，盖顶中部凸起一棱柱，顶端立一鸟，作振翅欲飞状。

还有汉代褐釉水波纹两系罐，带盖，盖伞形，盖顶部平，顶部中间塑一蹲立状熊钮，盖面四周刻画有斜格纹。罐体子母口，溜肩，深

腹，平底，底部附兽蹄形三足。肩腹部饰弦纹两组，中间饰水波纹一组。施黄褐色釉，底部不施釉，釉面光洁润泽。

汉代陶艺最高成就可以说是铅釉陶的生产，西汉宣帝以后，在关中、河南等地较多出现，东汉普及全国，数量大增，成为汉代一个非常重要的陶器品种。

这种釉陶器，胎体是陶，釉是以铜和铁的氧化物作呈色剂，铅的氧化物作助熔剂的釉。铅釉陶烧成温度低，大多为700度，所以叫低温铅釉陶器。

铅釉陶器的特点是：釉的熔融温度低，高温下黏度小，流动性较大可以比较均匀地覆盖在器物表面，冷却后的釉清澈透明，平整光滑，玻璃质较强，指数较高，光彩照人，有很高的装饰作用。

由于烧成温度低，胎体不结实，釉中铅含量高，所以不大作食器，大多作装饰器和明器，器形有：鼎、盒、壶、仓、灶、井、水碓、磨、楼阁、池塘等。

汉代铅陶的大量烧制成功，不仅是汉代陶器的一大成就和特点，开创我国低温釉陶大量生产之先河，而且对我国汉以后陶器生产影响深远，唐代的三彩陶、宋明的琉璃釉陶均从中发展而来。

东汉褐绿釉陶刻花莲瓣纹奁，呈圆筒状，三足鼎立，足为3只站立的小熊顶起奁的模样，造型有趣。奁两侧有仿青铜器的衔环兽首纹刻，奁外有数条弦纹，中间两层为刻花莲瓣纹。这件陶器成功地利用两种釉色相结合，形成色彩分明的图案，褐釉为阳面釉，绿釉为阴刻条纹。

陶鼎和陶钟是汉代最常见的仿铜陶器，流行的时期甚长。其他容器如瓮、罐、盆、樽、盘、碗等，在整个汉代都大量存在，它们的形态随着年代的推移而演变。

西汉前期少数带有绳纹的瓮、罐等尚有为圜底的，从西汉中期以后，除了三足器和圈足器以外，几乎所有的器物都为平底。还有一些日常用具如案、灯、熏炉及扑满之类，既非饮食器，亦非一般的贮藏器，为前代所少见或未见。

汉代人重视墓葬，成为习俗，殉葬品力求丰富而精细，陪葬品中除少量石质品、金属制品、木质漆器以外，被大量使用的为陶制品，因为这种材质可历千年而不腐败。

汉代陶明器除饮食所用的器皿外，大量模拟生活场景，加以缩微，如陶制的楼阁、仓房、灶台、兽圈、车马、井台、奴仆等，都是用来营造虚幻环境以供死者享用。

明器当中的壶、盆、罐之类器皿，一般都在素坯之外敷设一层粉彩，并不与胎体相融，稍摩擦便脱落；小型生活场景模型，外表都施加绿色低温铅釉。

绿釉陶鸭，胎土呈淡红色，通体施绿釉，釉的表面泛现一

种银白色的光泽。由于长期水浸土蚀，部分汉代绿釉陶制品器表呈银色，这是由于表面形成具有层状结构沉积物而导致泛色现象。

还有绿釉陶狗，釉呈暗绿色，釉面富有光泽，四足端露胎处可看到红色胎土。其造型作昂首、耸耳状。双目凝视前方，咧口露齿，凶狠欲吠。颈部有项圈，颈后并有环以套拴绳，可见它为豢养之驯狗。造型具写实风格，神态生动。

灯具的发展直至汉代进入普及化，灯具不只限于达官贵族，普通老百姓也可以拥有。青铜灯仍是主流，陶灯次之。

人俑灯则是汉代灯具的一大亮点，一般是达官显贵使用灯具的代表器物之一。中下层人民使用的则是姿态各异的陶熊烛台、陶枭烛台。绿釉陶熊灯便是代表民间使用的烛台之一。

自西汉中期以后，大量各式各样的陶俑用于随葬。西汉时较有特色的陶器就是独立俑，还有陕西省咸阳杨家湾汉墓出土的彩绘指挥

俑,俑像头扎围巾,下垂红色飘带,身穿红白相间的战袍,外披黑色甲衣,腰间系带,足蹬高筒靴。此俑以简洁、洗练的手法,鲜明的色彩,突出了指挥者的神气,十分动人。

陕西省阳陵是西汉景帝刘启和皇后的陵墓,刘启在位的17年间,是我国历史有名的"文景之治"的盛世时期。秦汉人讲究"事死如事生",修建陵墓时,帝王是按阳间的享用而营造阴间环境的。

在阳陵陵园十几个从葬坑和陪葬坑中,发现了大批陶俑,内容丰富多样,艺术上精美传神,尤其是罕见的男女无臂裸体俑。

这数千尊裸体俑栩栩如生,惟妙惟肖,他们原都穿着衣服、有木质可活动胳臂的。由于埋藏久远,衣饰、木臂皆腐朽脱落了。这些陶俑采用写实手法,比例合度,肌肉骨骼具有质感,形象刻画细腻传神,有的俑身上还依稀可见麻织品的痕迹。

从另一葬坑中发现184尊女骑马俑,很可能是宫中做骑马表演的舞伎。

阳陵的陶塑汉俑先塑出人体的原型,施彩加发肤的真色,然后装上可以活动的木制胳膊,随后再穿上衣服。这些俑一般高62厘米,按真人身体三分之一缩小,有的仕女俑身上抹染了紫色矿物质颜料。

裸体俑的面部表情真可谓细腻入微:脸庞有方、圆、阔、长,表情有悦、冷、慈、媚。那天庭饱满、地阁方圆、神态沉静者,显见是成熟稳健中年的男子;那脸形方浑、颧骨突兀、神情冷峻者,无疑是来自西域的刚烈丈夫;那面如满月、口阔唇厚、敦实康健者,抑或是关陇大汉;那小嘴和两眼因脸蛋的隆起而深陷的女俑,虽说是徐娘半老,却风韵犹存。

泥与土铸就的生命,在火与色彩煅烧的艺术中获得了永生。

汉代民间极为盛行说唱表演。汉代俳优大致以调谑、滑稽、讽刺的表演为主,并以此来博得主人和观赏者的笑颜。他们往往随侍主人左右,作即兴表演,随时供主人取乐。表演时,他们一般边击鼓边歌唱。

当时的皇室贵族、豪富大吏蓄养俳优之风甚盛。汉武帝"俳优侏儒之笑,不乏于前"。丞相田蚡"爱倡优巧匠之属"。桓宽《盐铁论·散不足》记载:

富者祈名岳、望山川。椎牛击鼓,戏倡儛像。

这些均可为证。

汉代画像石乐舞百戏图中,经常可以看见一些身材粗短、上身赤裸和动作滑稽的表演者,汉墓中也不乏此类形象的陶俑,均显示了俳优表演在当时的盛行。

东汉最有特色的击鼓说唱陶俑,发现于四川省成都天回山。击鼓说唱俑以写实主义的手法刻画出一位正在进行说唱表演的艺人形象,反映出东汉时期塑造艺术的高度成就,具有很高的艺术价值,是一件富有浓厚民间气息和地方风貌的优秀雕塑作品。

此俑为泥质灰陶，俑身上原有彩绘已脱落，残存白粉及褐色土痕。通高55厘米，头戴软小冠，并以长巾围绕一匝，前额上打一花结。这个说唱俑的表演仿佛已经进入了高潮，他得意忘形，表情夸张，竟不自觉地手舞足蹈起来。

他上身赤裸，下穿长裤。身屈，蹲坐在地面上，赤足，右腿扬起，脚掌向上，张口，露齿，眯缝双眼，呈活泼诙谐憨厚之态。额前有皱纹数道，开怀大笑，仿佛正说到精彩之处。

着幞头，左臂下挟一圆形扁鼓，右臂平直，手执鼓槌欲击，两臂戴有缨络珠饰，似作说唱状，人物面部的幽默表情被刻画得极为生动传神，使观者产生极大的共鸣。此俑表情生动活泼，反映了当时塑造艺术的高度成就。

正如汉代傅毅《舞赋》中所说："论其诗不如听其声，听其声不如察其形。" 东汉陶俑造型生动活泼，手法简洁洗练，具有浓厚的生活与时代气息，反映了当时的政治、经济、文化、军事、民族关系等社会生活的方方面面。

川俑为汉陶艺术的奇葩，制作题材非常广泛，包络了人间百象。此时期的俑追求神韵的塑造，注意神情的把握与刻画，体现了东方艺术的精髓。

红陶听琴女俑，颠覆了前代随葬陶俑端雅乃至木讷的传统。此件听琴陶俑跪坐于地，身着宽袖的长袍，为典型汉代式样。其头部是汉代女性常戴的巾帼，为以丝、毛制成的类似于发髻的饰物。此红陶听琴俑属伎乐类俑，制作精美，神态生动，十分难得。

还有灰陶持铲男俑，陶俑头戴圆形笠帽，头发在脑后向上绾起。

双眼微合,面部略带笑意。上身内穿圆领衣,外为两层右衽衣,外衣有缘,袖口挽起,腰中系带,下着裤,足穿布履。腰中垂挂环鼻刀,左手持箕状物,右手拄长柄铲,铲立于双足之间。

在汉代建筑陶器当中,瓦当的艺术成就也非常突出。汉代瓦当是在秦代瓦当基础上发展起来的,青出于蓝而胜于蓝,与秦瓦当相比,汉代瓦当不仅数量多,而且种类更加丰富,制作也日趋规整,纹饰图案井然有序。

在圆面范围内,尽量体现形体的伸展力度,神态性格明显,是一种艺术性极强的装饰浮雕作品。尤其是汉代大量文字瓦当的出现,不仅完善了瓦当艺术,同时也开辟了一个全新的艺术领域和研究范围,更加鲜明地反映当时社会经济、思想意识形态。

西汉时期的宫室台榭之类建筑,在继承秦代基础上,规模更为壮丽宏大。以国都长安为中心的宫殿建筑,如长乐宫、未央宫、明光宫、北宫、桂宫、建章宫以及上林苑,各抱地势,连属成群,华丽豪

陶器：土与火的结晶

奢，每处能容"千乘万骑"，可见当时建筑的规模之宏伟。

而在这些建筑上，均用瓦当以显示皇家的气派与威严，这就为瓦当在汉代大放异彩奠定了广阔的发展基础。汉代瓦当以其数量之多，质量之精，时代特征之鲜明，文化内涵之丰富，把我国古代瓦当艺术推向了最高峰。

西汉瓦当可分为3期，汉初至文景时期为初期，武帝、昭帝、宣帝时期为中期，元帝、成帝以后至王莽时为后期。初后两期，面积略相似，只有中期面积特大，边轮特宽。

西汉瓦当初期的文字非常紧密严肃，"高安万世"、"千秋万岁"是代表作品。中期字体宽博，"永承大灵"、"涌泉混流"是代表作品。后期字体流丽匀圆，"则寺初宫"是代表作品。

汉代画瓦在中期亦有明显之区别，龙虎四神，为其代表作品，大气磅礴，姿态生动而雄伟，一望可辨。但四神瓦多见于西安枣园村王莽九庙遗址，其他地区，出土数量极少，王莽在建九庙时，皆拆毁汉代包阳宫等之土木材料，瓦当应亦在移用之列。

西汉晚期至东汉末是画像砖艺术的繁荣期。从西汉晚期起，画像砖墓开始摆脱了呆板的箱式结构，迅速向居室化发展，画像砖也摆脱了空心砖的旧模式，向多形化发展。

东汉时期，画像砖艺术发展到巅峰，画像砖墓的分布范围扩大全国范围的广阔区域。并且形成了以中原地区和四川、重庆地区为代表的两大中心分布区，其中四川、重庆地区的画像砖持续繁荣，一直延续到蜀汉时期。

由于砖本身的装饰性和艺术性逐渐增强，汉代画像砖的装饰技艺已经达到了极高的水平。

两汉画像砖的形制有两种，一为边长40厘米左右的方形，一为长45厘米左右、宽25厘米左右的长方形。

画像砖可分为成都和广汉、德阳、彭县、邛崃市、彭山县、宜宾等地两种类型。而不同的题材50余种，大体可分为5种内容：

主要有表现现实题材的。反映汉代农业、副业、手工业和商业，如播种、收割、舂米、酿酒、盐井、桑园、采莲、市井等为主题的画像砖。

这类画像砖，内容最为丰富，颇具研究价值。如成都羊子山一号墓的"盐井画像砖"，长46.8厘米，宽36.5厘米，细致地刻画了汉代井盐生产的情况。画面上的盐井设有提取盐卤的滑车，盐卤通过架设的竹枧，缓缓地流向燃火的铁锅。可以说盐井画像砖是我国古代盐业难得的真实写照。

四川大邑安仁乡发现的"弋射收获画像砖"则是这一类型的代表作品之一。该画面高39.6厘米，宽46.6厘米，整个画面分成上下两部分。

上部为"弋射图"，图中池塘水波涟涟，群鱼游动，莲蓬挺立水面，风姿绰约。一群水鸭仓皇飞散，惊慌失措。池畔两位猎人侧身跪地，引弦搭箭，冲天而射，身姿健美。

下部为"收获图"，图中有农夫正在挥镰收割。其中左侧的一组3人弯腰小心翼翼地割稻穗，右侧一组两人高高地举起镰刀砍稻茎，最左侧一人荷担而立，似向田间送饭者，这是辛勤劳动生活的反映。

"弋射收获画像砖"整个画面简洁分明，但所表现的内容十分丰富，而且将不同的空间自然地结合在一起。所表现的劳动场面具有浓厚的生活气息。

表现墓主身份和经历的画像砖。此类墓主多为当地的豪强显贵。这类画像砖所表现的内容，与文献记载相符合。如桓宽在《盐铁论·刺权》中所说：

贵人之家，云行于涂，毂击于道……中山素女，抚流征于堂上，鸣鼓巴俞，作于堂下。妇女披罗纨，婢妾口希宁。子孙连车列骑，田猎出入，毕弋捷健。

四川省成都扬子山墓出土的"九剑起舞图"是这类汉代画像砖中的珍品，砖长46.4厘米，高40厘米，厚5.3厘米。画面偏左有大小两鼎，杯盘已撤，宴罢开始歌舞。

右上方一人耍弄弹丸，一人舞剑，并用肘耍弄瓶子。右下方一高髻细腰女高扬长袖而舞，一人摇省鼓伴舞。左下方两人共坐一席，同吹排箫。左上方席上一男子向前伸展长袖，势欲起舞；一高髻女子正在吹排箫伴奏。

构图紧凑，气氛热烈，形象生动，线条流畅，刻画极为成功。表现当时社会生活和政治制度的，诸如以市集、杂技、讲学授经、尊贤

养老等为主题的画像砖。除了"九剑起舞图",这类画像砖的典型代表作品还有"车骑出巡图"等。

东汉时期天文学家张衡在《西京赋》中描写当时的杂技表演场面:

临迥望之广场,陈角觚之妙戏。乌获扛鼎,都卢缘橦,衔狭燕濯,胸突铦锋,跳丸剑之挥霍,走绳上而相逢。

这些场景,都可以在画像砖上找到印证。"西汉成都文翁石室接经讲学图画像砖",就生动地塑造了讲授儒经情景。图中形象较大者为老师,其余为弟子。教师循循善诱,弟子毕恭毕敬。

表现墓主享乐生活的,诸如宴饮、庭院、庖厨、乐舞、百戏等画像砖。这也从一定的角度反映了汉代建筑、民俗风情等的实际情况。

这一类型主要代表作品是四川省成都发现的"宴饮杂技画像砖",该砖长46厘米,宽40厘米,该画像砖表现了汉代这种宴宾杂技的习俗。砖上模印有两件盛酒的筒形尊,尊内有酌酒用的勺,另有两件长方形食案。

左上方一男主人席地而坐,在观赏伎舞。旁边有一女与两男吹排箫伴奏,右侧4人表演,两人做杂技,两人舞蹈,生动再现了墓主人生前的宴乐生活。

画像砖中亦有神话题材的，主要表现当时神话传说和迷信思想，诸如伏羲、女娲、日月、仙人等。

该类型代表作品有"汉代西王母画像砖"，图正中西王母坐在龙虎座上，右为玉兔捣药，左有一女子手持灵芝，为求药者。此图反映了汉代人乞求长生不老的思想。

河南省郊县的"伏羲女娲画像砖"，描绘了兄妹成婚繁衍人类的故事，为我们展示了一个极其丰富饱满又充满生命力的世界。图案工艺制作异常精美，是美学通过想象的演绎。

"伏羲女娲画像砖"，长39厘米，宽19厘米，厚4厘米，砖面涂有护胎粉，属高浮雕工艺。

伏羲女娲是一个流传极广的神话故事，伏羲女娲人首蛇躯，有阴阳谐和之意，在伏羲女娲二祖众多德政中，因有始配夫妇之举，所以也可以视为家庭的保护神。

图中伏羲女娲身后有长翅，无脚，手中分持叉和旗。整幅画面除伏羲女娲外，还有5个羽人，伏羲女娲居中偏左，两尾相交。左边有两个羽人，穿折裙，腿部已化成蛇尾状，向内卷曲成云纹符号，面向伏羲女娲。右侧有3个羽人，面向伏羲女娲的羽人有双尾，并有销状纹饰。

其中一羽人为媒人，为伏羲女娲做媒。右上方的羽人呈飞翔状，身下有祥云数朵，向伏羲女娲飞来。右下方有一小羽人，脚踏祥云向右侧飞去，是伏羲女娲刚刚生下的孩子。

整幅画面采用散点透视，主客搭配，张弛有度。飞扬流动的画面充满了蓬勃旺盛的生命力和对美好生活的向往和追求，令人浮想联翩。充分体现了汉人对现实生活的爱恋。

"伏羲女娲画像砖"属高浮雕工艺，区别于其他汉砖的淡浮雕和平雕，是我国历史上不可多得的瑰宝。

另外该类题材还有河南省郑州新通桥汉墓的"乐舞神话画像砖"，长123厘米，宽55厘米，厚19.7厘米。该砖呈梯形，一端平齐一端斜坡状，上下共模印有8层画像。

砖上部边缘有一排姿态优美的乐舞图，其下是一排奔鹿图，再下为一排草丛中奔跑的猎犬图。下部角端边缘是一排武士骑马图，其下为一排轺车图。

中部内容除大部分与边缘相同外，还有射鸟、执笏、驯牛、凤鸟、九尾狐与三足乌、玉兔捣药等，古拙奔放，富有浪漫主义色彩。

动物题材的画像砖以龙、牛、虎、马、鹿、鱼、象等为题材，这类型画像砖不是主流题材，因而在汉墓中出土较少。较典型的代表为

"龙纹画像砖"。

龙纹画像砖,画面上以龙纹为主,线条流畅,气势磅礴,极富动感,而且从图案中可以看出,早在汉代时,作为我们中华民族象征的龙,其形象已经十分丰满,开始"腾飞"了。

汉画像砖种类繁多,反映了劳动人民的聪明睿智和制砖工艺的高超水平。画像砖盛产于中原、西南和江南的广大地区,尤以河南和四川两省最多。

河南地区的画像砖,形制有4种,长方形的空心砖、长方形的实心砖、方形实心砖、空心柱砖。河南砖一般是经印模多次压印的多个或多组有独立造型的形象,依据一定的构图方式组合在砖面上,形成一个更大的复合画面。并具有一定的创作随机性和装饰性。砖的内容与艺术形式,依不同的时期而呈现不同面貌。

洛阳发现的西汉空心画像砖,以高度抽象的图案为主,布局疏朗，阴刻线条简率、圆润，具有抽象的象征意义。

　　东汉时期，基于对于孝的重视，厚葬成风，人们纷纷为逝者建造奢华的画像砖墓，东汉墓砖因而得到了长足的发展。其中郑州、禹县的东汉作品增加了神异物象，画面繁密，多重复组合。而南阳地区的东汉中期以后的作品，受当地画像石艺术影响较为明显，一砖一画，主题鲜明，绘画性强。

　　四川也是汉代画像砖发现最集中的地方，以成都西北平原一带所发现的最为精美，时间大多属东汉后期。四川画像砖的形制主要有3种，即40厘米左右的正方形砖和约长46厘米、宽26厘米的长方形砖，还有一种就是在数量和种类最多的条形砖。

　　正方形砖的浮雕较低，线面相间，通过线条勾勒，强调和夸张动态，使画面具有刚柔相济之趣，代表了四川地区画像砖造型手法的典型面貌。长方形砖则浮雕较高，立体感强。

拓展阅读

　　东汉墓砖从广义上来说属于画像砖，但是它与秦代及西汉时期的画像砖又迥然而异，东汉墓砖功能单一，专用于墓葬，且已经扬弃了图案化的构图，而以有完整画面的方形、长方形、条形的实心砖作为主要载体。

　　东汉墓砖是"秦砖汉瓦"建筑材料一个重要的转折点，其形式已从秦汉早期的一砖一画，逐渐发展至六朝时期的大型砖印壁画。

色彩绚烂的魏晋隋唐陶器

魏晋南北朝是我国各民族大融合时期,随之而来的是民族文化的繁荣。这时期的陶器,从北齐一些乐舞人扁壶等器物的特殊造型和图案上还可以找到中西文化交流的痕迹。

这一时期比较著名的是河北省磁县北朝时期墓中发现的彩色陶俑,填补了从秦汉陶器到唐朝唐三彩之间的空白。

邺城位于河北省临漳县西南的漳河北岸。始建于春秋齐桓公时。曹魏、后赵、冉魏、前燕、东魏、北齐先后以此为都,北周时为杨坚焚毁。204年曹操大破袁绍,开始营建邺城,还修筑了金凤台、铜雀台和冰井台一些有名的建筑。

据记载，曹操死后就埋葬在邺城西面的磁县境内。并且历史上还有曹操"七十二疑冢"之说。

古墓里的彩绘陶俑共有1800余件，是当时古代墓室内陶俑数量最多的。其中最为精美的是两件门吏俑，其中一件已经破碎得厉害，另一件很完整，高度有142厘米，是继秦俑之后最高大的陶俑。

该俑头上戴着黑色平巾帻，面部丰满方正，身穿裤裙，外罩两裆，体态轻盈，气宇轩昂。双手拱在胸前，仿佛在扶握着仪仗或剑类的器物。当初是整件塑制而成的，雕琢得十分精细，尤其是陶俑的面部，更显得形神兼备，确为一件古代陶塑艺术的杰出作品。

另外还有4件镇墓武士俑和4件镇墓兽，它们的高度大约有50厘米，全都是彩绘贴金。虽然已经历经千年的"井水"侵蚀，但依然能看出当年的风采。武士俑执剑按盾，身穿铠甲，面目威猛；镇墓兽造型怪异，给人一种神秘之感。

这座墓中最多的是军卒俑，它们身穿半袖军服，下穿大口裤，体态矫健；领口部位都系着一条窄窄的带子，这应该是"军纪带"，是一种用来标明部队番号的标记。军卒俑中有一类鼓乐俑，应是当时军乐队的形象。

此外还有一些仪仗俑、骑俑和乐舞俑。仪仗俑包括风帽俑、笼冠俑、文吏俑；骑俑有一半的骑手和战马全身都披着铠甲，表现了当时作战中重装骑兵的形象；乐舞俑的动作不一，手持的乐器也不一样，其中有一件胡服老人舞俑，尤为奇特。

这些陶俑不仅数量繁多，而且制作精细，在人物造型上都遵循着严格的写实手法。身体在比例上也比较匀称。所有的陶俑都经过了精心的彩绘，尤其是在细部的勾画上十分逼真，从一个侧面反映了当时的绘画水平已经达到了相当高的水平。

北朝精美陶器还有河南省濮阳李云墓的铅黄釉绿彩莲瓣纹罐，高23.5厘米，口径7.7厘米，足径8.4厘米。罐直口，溜肩，肩部有四弓形系，腹下渐收敛，实足，底略内凹。口部及下腹部各刻弦纹一周，肩部刻弦纹数道，四系之下刻忍冬纹一周，腹部刻下覆莲瓣纹。器身上半部施黄色透明釉，又于八等分处各施绿彩一道，下部露胎。

此罐胎质洁白，造型工整，釉色突破了单一色彩，更富装饰性，为丰富多彩的唐三彩工艺开创了先河。忍冬纹与莲瓣纹组合是佛教艺术的装饰题材。此罐有确切年代可考，其造型和纹饰对研究北齐时期的宗教观念及艺术等均有重要意义。

李云为北齐车骑将军，据墓志记载，该墓为李云夫妇合葬墓，葬于576年。该墓的另一件黄釉绿彩罐造型及釉色与这件相同，唯四系是方形的，与之有别。

铅黄釉属于低温铅釉。低温铅釉的发明比青釉要晚得多，但在汉代已相当普遍。它的特点是釉面光泽强，表面平整光滑，釉层清澈透明，犹如玻璃一样，但硬度比较低，容易出现划痕，稳定性较差。

南朝的陶器与此类似，不过却有非常珍贵的《竹林七贤和荣启期》砖印模画，长244厘米，宽88厘米，由300多块古墓砖组成，分东西两部分，一部分为嵇康、阮籍、山涛、王戎4人，另一部分为向秀、刘伶、阮咸、荣启期4人。

这幅砖画纯熟地发挥了线条的表现能力，人物造型简练而传神，8人席地而坐，或抚琴啸歌，或颔首倾听，性格特征鲜明，人物之间以树木相隔，完美地体现了对称美学。

魏晋间以嵇康、阮籍、山涛、王戎、向秀、刘伶、阮咸为代表的风流名士，世称"竹林七贤"。

图中的荣启期则是早于"七贤"许多年的春秋时期人物，由于荣启期的性格和"七贤"极为相似，又被时人誉为"高士"，所以，砖画中安排荣启期和"七贤"在一起，除了绘画构图上对称的需要外，荣启期更有为"七贤"之楷模的寓意。

隋朝是一个承前启后的朝代，为大唐帝国的创建铺平了根基。在陶瓷史上，为一个新的陶瓷时代拉开了序幕。

隋以前，烧瓷窑场主要都集中在长江以南和长江上游的四川地区，北方的烧瓷窑场极为稀少，亦无文献述及。入隋以后，南北方制陶业才开始了飞跃性的发展，窑场及其烧制的陶器明显增多，各种花色、风格、样式的瓷器开始呈现，形成各竞风流的局面。

隋代主要窑场有河南的安阳窑，位于安阳市北郊洹河安阳桥南岸，是隋代规模最大的一处；河北磁县窑，位于河北峰峰矿区西部的贾壁村内；另有位于湖南的湘阴窑；安徽淮南窑；四川邛崃窑及江西丰南窑等。

隋代陶器的主要器形有壶、罐、瓶、碗和高足盘等。壶的基本特征是盘口、有颈、系耳都贴附在肩上，盘口较前代高，椭圆腹，系耳多作条状。高足盘在南北墓中均有发现，可见烧造量大，是隋瓷中较为典型的器物。

隋代陶釉仍属石灰釉，呈玻璃质，透明度强，多呈现青色，青中泛黄或黄褐色；器体施釉一般不到底，多是用支具托垫叠烧。

隋代陶器的装饰纹样以花草为多，并常在布局上巧妙地穿插替换而组成新颖图案；盘碗类器多在中心装饰，由朵花卷叶组成圆形图纹；瓶罐类器物的装饰主要集中在肩部和腹部，一般用花朵、卷叶纹组成的带状图案。装饰手法有印花、刻花、贴花、堆塑等，其中印花应用最为普及广泛。

隋代越窑莲纹四系罐，直口，溜肩，扁圆腹，实足。肩部安四方形桥系，呈对称分布。器外壁塑两层倒置莲瓣，采用浮雕的装饰手法，富有立体感。面施青釉，底部则不施釉。

隋代陶器以白土陶胎敷青白色釉作品为多，如隋青釉塑龙屋宇盖罐，器身敛口，深腹，腹外鼓，平底。口沿以下塑荷叶边一周，底部以上塑莲瓣和绳索纹各一周。中间塑有一蟠龙，作昂首挺胸状，另塑有屋宇、杨柳、云彩，釉青黄色。

唐代是我国封建社会的鼎盛时期，经济上繁荣兴盛，文化艺术上群芳争艳，唐三彩就是这一时期产生的一种彩陶工艺品，它以造型生动逼真、色泽艳丽和富有生活气息而著称。

唐三彩以黄、褐、绿为基本釉色，后来人们习惯地把这类陶器称为"唐三彩"。它吸取了我国国画、雕塑等工艺美术的特点，采用堆贴、刻画等形式的装饰图案，线条粗犷有力。

唐贞观之治以后，国力强盛、百业俱兴，同时也导致了一些高官生活的腐化，于是厚葬之风日盛。唐三彩在当时也是作为一种冥器，曾经被列入官府的明文规定，分一品、二品、三品、四品，就是说可以允许他随葬多少件，但是实际上作为这些达官显贵们，并不满足于明文的规定，他们往往比官府规定要增加很多的倍数，去做厚葬。

于是从上到下就形成了一种厚葬之风，这也就是唐三彩当时能够迅速在中原地区发展和兴起的一个主要原因之一。

唐三彩是一种低温铅釉陶器，在色釉中加入不同的金属氧化物，经过焙烧，便形成浅黄、赭黄、浅绿、深绿、天蓝、褐红、茄紫等多种色彩，但多以黄、赭、绿三色为主。

它主要是陶坯上涂上的彩釉，在烘制过程中发生变化，色釉浓淡变化、互相浸润、斑驳淋漓、色彩自然协调，花纹流畅，是一种具有我国独特风格的传统工艺品。

釉烧出来以后，有的人物需要再开脸，所谓的开脸就是人物的头部仿古产品是不上釉的，它要经过画眉、点唇、画头发这么一个过程，然后这一件唐三彩的产品就算完成了。

唐三彩的基本成型方法包括轮制、模制、雕塑3种，在一件器物上，几种方法往往结合使用，才能制成一件较为复杂的三彩器。

三彩宝相花纹罐，高22厘米，口径12厘米。罐敞口，平沿，短束颈，圆肩，鼓腹，圆底，下附兽蹄形三足。罐口带有绿、白、黄釉斑的拱形圆钮盖。通体施黄褐釉，其肩部有凸弦纹一周，并饰绿色圆形贴花6朵，腹部亦匀饰6朵大小相间的绿色宝相花纹。

唐三彩种类很多，如人物、动物、碗盘、水器、酒器、文具、家具、房屋，甚至装骨灰的壶坛等。

而人物一般以宫廷侍女比较多，反映的是当时的宫廷生活。其他造型有妇女、文官、武将、胡俑、天王，根据人物的社会地位和等级，刻画出不同的性格和特征。

贵妇面部丰圆,梳成各式发髻,穿着色彩鲜艳的服装,文官彬彬有礼,武士刚烈勇猛,胡俑高鼻深目、天王怒目威武、雄壮气概,足为我国古代雕塑的典范精品。

洛阳北邙山一带有一批唐代墓葬,出土了为数众多的唐三彩随葬品,有三彩马、骆驼、仕女、乐伎俑、枕头等。尤其是三彩骆驼,背载丝绸或驮着乐队,仰首嘶鸣,那赤髯碧眼的骆俑,身穿窄袖衫,头戴翻檐帽,再现了中亚胡人的生活形象,使人联想起当年骆驼行走于"丝绸之路"上的景象。

动物中较为人喜爱的是驼俑,这可能和当时的时代背景有关,在我国古代马是人们重要的交通工具之一,战场上需要马,农民耕田需要马,交通运输也需要马,所以唐三彩中的马比较多。

唐三彩马俑的特点首先是造型,它与一般的工艺品的造型不同,与其他时代的陶马也不同。有的扬足飞奔,有的徘徊伫立,有的引颈嘶鸣,均表现出栩栩如生的各种姿态。

唐代马俑的造型特点是以静为主,但是静中带动,一匹静立的马,通过马的眼部的刻画,比如眼部刻成三角形的,眼睛是圆睁的,然后马的耳朵是贴着的,它好像在倾听什么,通过这样的细部刻画来显示出来唐马的内在精神和内在的韵律，也可见匠人们高超的制作工艺了。

唐三彩中骆驼造型也比较多，这可能和当时中外贸易有关，骆驼是长途跋涉的交通工具之一，且丝绸之路沿途需要骆驼作为交通工具。所以说，匠人们把它反映在工艺品上。

唐三彩的另外一个特点就是釉色。作为一件器物上同时使用红绿白3种釉色，这在唐代本来就是首创，但是匠人们又巧妙地运用施釉的方法，红、绿、白三色，让它交错、间错地使用。

然后在高温下经过高温烧制以后，釉色又浇融流溜形成独特的流窜工艺，出窑以后，三彩就变成了很多的色彩，它有原色、复色、兼色等，这是唐三彩釉色的特点。

唐三彩器物形体圆润、饱满，与唐代艺术的丰满、健美、阔硕的特征是一致的。三彩人物和动物的比例适度，形态自然，线条流畅，生动活泼。唐三彩是唐代陶器中的精华，在初唐、盛唐时达到高峰。

拓展阅读

唐三彩在色彩的相互辉映中，显出堂皇富丽的艺术魅力。唐三彩用于随葬，作为冥器，因为它的胎质松脆，防水性能差，实用性远不如当时已经出现的青瓷和白瓷。

后来又产生了"辽三彩"、"金三彩"等，但在数量、质量以及艺术性方面，都远不及唐三彩。

宋元明清

宋代，鱼纹题材开始广泛地出现在陶器装饰上。元代，陶器上的鱼纹装饰形成了宋代无法比拟的优势，无论是品种、器型、装饰技法和表现风格都别开生面、独具特色。

明代的陶器除传统砖瓦外，还出现了宜兴陶。另外陶器多为碗类，还有大盘、菱口盏托、梅瓶、执壶等。

至清代，陶器已经不再是主流的艺术品了。自宋时就兴起的瓷器已经彻底取代了陶器的地位。

五彩斑斓的宋辽金陶器

960年至1234年的274年间,是我国历史上宋、辽、金的对峙分裂时期。宋朝承五代大乱之余,虽不是一个强盛的王朝,而在我国文化史上却是一个重要时期。

宋代瓷器在我国陶瓷发展史上是一个非常繁荣昌盛的时期,已发现的古代陶瓷遗址分布于全国170个县,其中有宋代窑址的就有130个县。

宋代陶窑大致概括为6个窑系,它们分别是:北方地区的定窑系、耀州窑系、钧窑系和磁州窑系;南方地区的龙泉青瓷系和景德镇的青白瓷系。

这些窑系一方面具有因受其所在地区使用原材料的影响而具有的特殊性，另一方面又有受当时的政治理念、文化习俗、工艺水平制约而具有的共同性。

宋琉璃厂窑，生产一种黑釉凸龙盖罐，高21.5厘米，口径12.5厘米，足径9.2厘米。罐直口，弧腹，从上至下渐丰，圈足。颈部堆塑一条蟠曲的龙纹。器身鼓起5道弦纹，每道弦纹两侧贴饰对称的锥形尖角。

通体施黑釉，釉不及底，近足处及底露出赭色胎体，胎体较粗糙。此器为宋代陪葬用的明器。

南宋时吉州窑兴盛，比较精美的为乳白釉乳钉柳斗纹罐，高6.4厘米，口径7.2厘米。该罐广口短颈，腹部丰满，整体圆润浑厚，颈部有双层乳钉。通体施乳白釉，质地松脆，体较轻。

宋吉州窑还产有白地黑花罐，高10.5厘米，口径10.5厘米，足径6.3厘米。罐广口，圆唇，直颈，扁腹，圈足。颈及足部褐彩绘多道弦纹，肩颈之间一周黑地白点纹。腹部开光内绘折枝花草纹，开光外绘变形海水纹，纹饰简练草率。

这种装饰技法源于北方磁州窑，但又具有地方特色。磁州窑白地黑花品种白黑对比强烈，而吉州窑白地实为土黄色，黑花实为褐色。

陶器：土与火的结晶

纹饰布局多以开光形式出现，常见有奔鹿纹、花草纹等。

江西省南昌南宋墓发现的莲花纹炉及奔鹿纹盖罐为这类器物的断代提供了有价值的依据。

除罐以外，白地黑花器物还有瓶、壶、炉、尊等。

宋代生活划花装饰创造了剔刻技法，宋黑釉剔花鱼纹装饰的涵义更加接近日常鱼藻纹罐，纹饰黑白分明，线条清晰，图案具有浮随着社会的发展，鱼纹装饰作为"吉庆"的象征开始凸显，鱼纹更多地被赋予吉祥的寓意，深受人民群众的喜爱。

宋定窑印花三鱼戏莲纹盘，图案构思巧妙，图中的3条鱼在莲池中戏耍，鱼儿肥壮，莲花茂盛，反映出"连年有余"的景象，已具有丰富的民俗吉祥雕感。

与宋同时的西夏也不乏陶器精品。西夏褐釉剔花罐，高21.5厘米，口径11厘米，底径8.6厘米。罐呈大口，圆唇，器身略为球形，圈足。腹部主题图案为两组剔花牡丹纹，图案两边以连弧纹，中间饰以云水纹，图案上下各刻弦纹两道。为西夏时期陶器的代表器物。

辽代是我国东北辽河流域由契丹族建立的地方政权，916年由耶律阿保机创建，其疆域控制整个东北及西北部分地区。辽长期与汉族比邻，并受先进中原文化的影响，辽代陶器造型实用性强，粗犷、质朴，富有民族特色。

　　辽代陶器多为酒具、茶具、盛食具、贮藏器和日用杂器。大都为民窑产品，也有供辽皇室和契丹贵族使用的官窑制品。

　　民窑产品粗朴，官窑产品精致，已发现重要陶瓷窑址7处，其中民窑4处，为辽宁省林东南山窑、林东白音戈勒窑、辽阳江官屯窑，山西省大同青海窑村窑；官窑4处，为辽宁省林东上京窑、内蒙古自治区赤峰缸瓦窑和北京市龙泉务窑。

　　辽宁、黑龙江、吉林、河北、山西、内蒙古和北京地区的辽契丹贵族墓和汉人墓中均发现有辽窑烧制的酱、黄、绿色釉及三彩陶器。传世品中辽陶器以黄、绿单色和黄绿白三彩釉陶居多。

　　辽代民窑制品胎质粗糙，均施化妆土。白陶釉白微黄，胎色白带红、黑色杂质点；黑釉陶釉色纯黑；白釉黑花陶胎色白，黑花呈色黑黄。官窑白陶胎质细白，釉色纯白或白中泛青，釉质莹润，佳者与定窑上品相类，有的于器底刻"官"或"新官"款。

　　北京发现的985年辽赠齐王赵德钧墓和赤峰发现的986年辽驸马墓的"官"和"新官"款白瓷盘、碗是辽早期受定窑技艺影响的作品。

　　北京辽代王泽墓、内蒙古昭盟尚墓和山西大同卧虎湾一座辽墓都发现有精美的白陶。黑釉瓷胎质细白，釉色黑中闪绿，积釉处如堆脂，光泽较强；白釉黑花瓷的胎色白中闪黄，有黑色杂质点；单色釉和三彩釉陶器的胎质细软，作淡红色，施化妆土。

　　辽代官窑三彩色釉娇艳光洁，民窑三彩色釉鲜艳不足，釉层易剥落。白釉陶器釉质欠润泽，白釉上点绿彩者颇为美观。

　　辽阳984年耶律延宁墓、法库叶茂台辽墓、朝阳前窗户村辽墓发现的黄、酱和绿色釉陶器及锦西1089年萧孝忠墓发现的黄釉与三彩釉陶器，具有辽彩釉陶器的典型风貌。

辽代陶器造型分为中原形式和契丹形式两类。中原形式大都仿照中原固有的样式烧造，有碗、盘、杯、碟、盂、盒、盆、罐、壶、瓶、瓮、缸，还有香炉、陶砚、棋子、砖瓦等；契丹形式则仿照契丹族习用的皮制、木制等容器样式烧造，器类有瓶、壶、盘、碟，造型独具一格。

辽鸡冠壶，仿契丹族皮囊容器样式，整体由壶身、管状流和不同形式的系构成，壶体上做出仿皮革缝制的痕迹和皮条、皮扣等附件。后人常以皮制品痕迹的多少区别鸡冠壶时代的早晚。鸡冠壶有5种样式，即扁身单孔、扁身双孔、扁身环梁、圆身环梁和矮身横梁式。

内蒙古赤峰959年辽驸马墓发现的白陶绿釉鸡冠壶扁身单孔，是鸡冠壶的早期形式。河北迁安辽韩相墓发现的绿釉带盖鸡冠壶，是稍晚的扁身双孔样式的典型器。

另外，辽宁的两座辽墓发现的白陶鸡冠壶和绿釉鸡冠壶，是辽晚期盛行的圆身环梁式鸡冠壶的作品。

辽宁北票水泉辽墓发现的凤首瓶、凤嘴珠，是凤首瓶的早期样式。凤首瓶为凤头口、旋纹或竹节式长颈、高体、丰肩、瘦胴、圈足。

辽宁义县一座辽墓发现的花口凤首瓶，凤首托起花口盖，秀丽挺拔，最为常见。鸡腿瓶为小口、丰底，器身细高，上丰下敛，形如鸡腿，以弧棱形弦纹为饰，是契丹族普遍使用的贮藏器，产量很大，瓶体上常有刻画符号。

辽代典型器具还有盘口穿带壶，亦称背壶，古代名为携壶，是游牧民族用以盛甜酒、奶浆等饮料的容器。壶式有扁体和圆体两种，体两侧有沟槽和环系，可系绳，便于骑马携带。

辽宁义县清和门西村辽墓、法库叶茂台七号辽墓和北票水泉辽墓发现的穿带壶，展现了扁体或圆体壶式的特点。

方碟为仿木碟样式，花边敞口，四方形，浅身平底。白釉印花方碟精美，但产品极少。三彩印花方碟颇多，辽晚期墓葬中时有发现，西弧山1089年辽墓、建平和乐村1090年辽墓发现的三彩印花方碟为其中的代表作。

海棠花式长盘系仿金属制品式样，浅壁，平底，作八曲海棠式，以黄、绿、白三色釉花者居多，样式美观，色彩娇艳，一些模仿自然界物品烧造的鱼壶、鸳鸯形壶，形态生动，实用美观。

辽宁凌源县发现的三彩鸳鸯壶，高19厘米，鸳鸯式壶体卧在荷叶式托上，嘴为流，背上贴五瓣花式口，与腹腔相通，花口下部至尾端连以曲柄，以黄、绿、白三彩釉遮体，羽纹清晰，色彩斑斓。

还有依照印度神话中"摩羯鱼"制作的兽首、鱼身壶和灯，设计新巧，造型优美，宁城发现的三彩摩羯壶为代表作。

辽代陶器受中原装饰技法的影响，有刻画、剔、印、彩绘和色釉装饰，以简朴豪放为特点。如取法于磁州窑的黑绘装饰，多

陶器：土与火的结晶

以散点式构图展现简洁的纹样，有疏朗洒脱的美。

建平五十家子辽墓发现的白釉黑花瓶，三组花蝶环列器体，笔致稚拙有力，颇具野趣。

有的在器物表面涂画彩或描金装饰，别具一格。单色和三彩釉饰是辽代陶器的一大特色，娇艳的黄色或葱翠的绿色给人以美感。

装饰题材以花卉中的牡丹、野芍药居多，取材于自然界的飞禽、动物、鱼虫、花草、水波等纹样也广见于装饰画面，还有传统纹样中的龙、兽面、骑士、力士、火珠、流云等。

金代所处的年代是和南宋相对峙的特殊年代，同时又是北方少数民族所建，因此具有浓郁的时代特色与民族风格。

金代陶器之所以兴起，一是由于女真族在契丹辽代及北宋地区大量掠夺珍宝，刺激了金代陶器的发展；二是学习先进的中原文化，促进了陶器的发展。

金代前期陶瓷多利用辽代旧窑烧造，工艺水平较低，制品多粗糙，民族风格和地域色彩较明显。辽宁抚顺大官屯窑和辽阳江官屯窑是金前期日用陶器产地，品种有黑、白、酱釉和茶绿色釉等，胎质粗厚多杂质，釉质混浊不光润。

金代陶器类以碗、盘为主，带三系、四系的瓶、壶、罐是地域特点突出的器物。装饰简单，仅见白地黑彩装饰，刻、划、印、雕、加彩等极少见。

黑龙江双城县发现的白釉黑花四系瓶上的黑色草叶纹，自由奔放。辽宁彰武县发现的白釉黑花葫芦形壶，贴在壶流上的坐式老人，新颖罕见，展现了金前期陶器的特殊风貌。

金迁都燕京后，陶器的生产集中在大定年间或以后发展起来的河北曲阳定窑、磁县观台窑、河南禹县钧窑和陕西铜川耀州窑、山东淄博磁村窑等。

定窑以白瓷为主，刻、印花为饰。带纹饰的细白瓷，以覆烧工艺装烧，器均"芒口"。民用粗瓷，以创新的砂圈叠烧工艺烧制，形成器物内底一圈无釉的特点。

北京通州1177年金墓和北京先农坛金墓发现的白釉刻花盘、碗、洗、壶等与江苏江浦县1195年章氏墓发现的白釉印花鸳莲纹碗，都是金代定窑的代表作。

磁州窑品种丰富，有白釉、黑釉、酱釉、白釉画花、白地黑花、红绿彩瓷和色釉陶器等。如金"大定二年"铭白地黑花鸟纹虎枕，河南新乡金绿釉刻莲花纹枕，北献县发现的白釉黑花牡丹纹瓶，河南济源县发现的三彩刻人物纹枕，以及磁县彭城镇发现的红绿彩俑，均为不同品种的代表作。

金代磁州窑罐，通

陶器：土与火的结晶

高12.8厘米，罐口直径6.3厘米，罐底7.9厘米，腹部最大直径为27.5厘米。底色为白釉，上面有黑褐色花纹，勾画简洁，似水生植物。罐胎内部施黑褐色全釉，做工朴实简洁。

从器型和工艺上具有金代典型特色，是比较普遍的磁州窑系，它应该是山西地区生产的磁州窑系罐。

钧窑主烧天蓝色乳光釉陶瓷。辽宁辽阳金墓、山西侯马金墓发现的陶器胎质细腻，色灰，釉面润泽，有片纹、显晕斑或小黑点，工艺还不够精细。同类的还有山西大同1190年金墓发现的钧釉小炉，也初步揭示了金代陶器的特征。

耀州窑主烧青釉陶，兼黑釉和白地黑花瓷。青瓷胎质粗色浅灰，釉色姜黄或淡青，釉层薄，光润不足。装饰以印花居多，刻花趋少。

陕西铜川耀州窑遗址金代层发现的青釉刻花碗和北京丰台金墓发

现的青釉刻牡丹纹碗，刻线流畅，花纹洒脱，为代表器。

山东淄博磁村窑主烧白陶，白地黑花、黑釉、白釉黑边、酱色釉、绞釉等次之。黑釉白线纹又俗称"粉杠"，是金代最有特色的品种之一。

磁村窑发现的黑釉白线纹罐，在黑色鼓腹上，凸起白线纹，色白而粗，十分醒目。加彩器在白瓷上施加红、绿诸彩，色彩鲜艳绚丽。有的器物底部墨书"泰和"、"正大"等字款。

山西境内的浑源窑，安徽境内的萧窑、宿州窑与泗州窑，也分别烧制钧窑、定窑、磁州窑风格的产品。

金代陶器以盘、碗、罐、瓶、壶为多，杯、洗、炉、盏托、陶枕、玩具等次之。日用器物造型多承袭宋式，时代特点鲜明的造型有双系、三系、四系瓶，双系罐和高体的长颈瓶鸡腿瓶等。大官屯窑发现的陶雷和江官屯窑发现的黑釉桃形壶是罕见的特殊器物。

金代陶器装饰趋简，有刻、划、印、剔花、笔绘、塑贴、加彩等。刻、划花装饰以定窑为最，在白釉盖缸的口沿下刻一周锯齿纹，腹体刻密集的凸凹线纹，有浅浮雕的效果，时代特点突出。

笔绘装饰则以磁州窑系为代表，用笔简练，线条明快，画面生活气息浓郁。大官屯窑发现的白釉黑花，磁县观台窑发现的白釉黑花罐是代表器物。

装饰构图除宋代多用的带状缠枝式、单独纹样的均衡式和满花式外，还善以开光样式突出主题纹样。耀州窑遗址金代层发现的青釉刻花卧牛碗，河南鹤壁市发现的白地黑花婴戏莲纹枕、白地黑花盆花枕，都以菱形开光托出卧牛、婴莲和盆花主题。

纹饰等分线内的单独纹样构图也很盛行，吉林省发现的酱褐釉印花碗为典型之例。一花一叶的构图，疏朗简洁，画面中的一枝荷莲、一枝萱草、一尾游鱼，均生机盎然，吉林省发现的定窑白釉刻花是其代表器。

白釉黑绘的装饰题材以花卉居多，水波、鱼、鸭、鸳鸯、鹭鸶、飞凤和婴戏纹也常见于画面。画面中的孩童多身着朵花衫裤，头梳抓髻，一改宋时那种光头、赤裸身躯的形象。白釉黑绘的构图，极近于国画的章法，画面上常见秋雁残荷，一派深秋景色，有水墨画的清幽意境，北京发现的白地黑花虎形枕是其代表器。

拓展阅读

宋代向以"郁郁乎文哉"而著称，是我国古代历史上最发达的时期之一。上自皇帝本人、官僚巨室，下至各级官吏和地主乡绅，构成一个比唐代远为庞大、也更有文化教养的阶层。

由于南北两大主流至此而发展到较成熟的阶段，以至相互融合而更为臻进，呈现为"百花齐放"的精神面貌和艺术境界。同时，宋代的统治阶层崇奉道教，在全国大力扶持和推行道教。

道学"静为依归"，崇尚自然、含蓄、平淡、质朴的审美观。青色的幽玄、静寂，正适宜这个时期的审美情趣。

一般而言，社会的意识往往会影响社会统治阶级的意识。因此，在理学盛行的宋代，人们追求的是美学上的质朴无华，平淡自然的情趣韵味。而反对矫揉造作的装饰雕琢，并把这一切提高到某种透彻的哲学高度。

因而，宋代陶瓷讲究的是细洁静润，色调单纯，趣味高雅，表现对神、趣、韵、味的追求和彼此的呼应相协调，并相互补充，成为一代美学风范。

有草原风格的元代陶器

　　1206年成吉思汗建立蒙古汗国。1271年忽必烈改国号为"大元",取《易经》中"大哉乾元"之意。1279年统一全国。

　　元朝的疆域空前广阔,元代陶器也明显具有草原民族的独特风格,在器物器形上都新创烧了许多蒙古族特有的器物类型,创烧单色釉也比前代精美。

陶器：土与火的结晶

元朝设立了枢府专门管理烧造陶瓷器物，枢府烧出的陶瓷为甜白釉色，被后世称为"枢府瓷"。并且此时对外贸易、中西文化交流频繁，开始烧造大量外销陶瓷。元代盛行大量烧造的青花瓷大多数就是提供外销到中东众多伊斯兰国家。

元代在创烧众多新品种时，并继承和发展了宋代陶器风格，釉色肥厚圆润，器形圆壮，很多地方都有明显吸收汉文化的特点。

山西蒲州发现的元代陶制龙，体形硕大，长198厘米，宽50厘米，高70厘米，通体有施釉痕迹，但颜色已经剥落，除龙头以外部位均有龙鳞，龙背顶部有波浪形的鳍，龙头较长，龙嘴大张，青齿獠牙，下颚有须，龙目圆睁，脑后有鬃，但双脚已经明显缺失。龙腿强壮，身下有云雾缠绕。

这件陶制的龙，实际属于古代的珐华器，亦称珐花器或法花器，是一种以蓝、绿、黄、紫、白等多种釉色为基调的低温彩釉陶器。

山西和景德镇的珐华器在制作工艺上基本相似，主要区别于胎质和釉色，由于这两种珐华器生产工艺的复杂和特殊，制作历史的短暂以及其生产的地域相对较少，所以，能保存完好、流传下来的产品并不多见，传诸于世藏宝于民的精品更是凤毛麟角。

这件陶制龙的胎质明显为陶，因此判断为山西所造珐华器。珐华器因产地和时代不同在胎质上也存在着明显不同。

蒲州一带出的，系元代末年之物，其胎纯系土定胎，其釉纯似玻璃釉，然仍系料质，其蓝如深色宝石之蓝，其紫如深色紫晶之紫，其黄质如金箔，唯比金箔色略深透耳，孔雀绿一色尤为鲜艳，垂釉之处亦不发黑，其釉上之绿比他釉另外透亮，与绿水一般，其底里之绿与翠玉之菠菜绿同。

在装饰技法上，这件陶制龙采用了压模、捏塑、刻画、贴花等传统工艺手法，从审美角度上看显得大气质朴，同时，珐华器在釉色上多表现为鲜艳亮丽的珐翠、珐蓝、珐紫，从此件陶龙残存的釉斑上也可以看到。

该器型龙为元代龙的特征，龙头扁长，龙目明亮，龙眉粗壮，龙角后伸，龙躯细长，气势凶猛，推测应有一对，分布于大殿屋顶的两侧，应为十分罕见的元代宫廷建筑装饰配件，对研究元代宫廷建筑具有十分重要的价值。

元代陶器的胎子厚重，略显粗糙，多灰黄色，施白色化妆土、釉子白中闪灰黄，有的欠精细光润，黑彩多闪黄褐色。装饰以素白瓷、白釉黑花为主。

宋代出现的在黑彩上划纹饰的装饰方法，元代也有，一般用于在鱼、龙身上划鳞片或在雁、凤身上划羽毛。也有黑釉铁锈花、白釉黑花上又罩低温孔雀蓝釉的，后者由于温度较低，釉子极易肃秒。

白釉绘黑花陶器纹饰常见的有龙凤、云雁、鱼藻、卷云、花卉、婴戏、人物故事、花鸟、诗句等。

元代杂剧盛行，产生了大量的陶塑作品。河南焦作元代墓发现的杂剧陶俑，呈各种说唱舞蹈形态。其中一件穿戴蒙古式袍帽和毡靴，腰系皮带，头略右倾，一手向上，一手向下，腰肢扭动，神情专注地作踏步舞蹈。

另一陶俑服饰简单，头戴便帽，左手执乐器，右手两指叉于口中，作呼哨状，似口技表现。俑像成功地表达了秉性乐观豪放的蒙古族人民的性格。雕塑手法简洁，形象生动逼真，富有生活情趣，是元代陶塑的代表作。

元陶器的器型较大，多碗、盘、罐、瓶、枕、盆、扁壶、玉壶春瓶、高足碗等。

元代的一件黑陶大碗，口径17.5厘米，高6厘米，大气而拙朴。

赵集区会龙乡阎庙村发现的元代陶香炉，工艺精细，造型古朴。炉两边有对称的神态活现的小狗作炉耳，下有3只鼎形虎腿，炉体着绿瓷釉已大部脱落，仅凹陷处尚存。炉高15厘米，口径9厘米，腹径11厘米，系元代祭祀用品。

元朝统治者依靠铁骑夺取天下，但元代马的雕塑作品却很少，所以陶器中的陶马就显得弥足珍贵。有一件元陶马，高20.6厘米，长25厘米，灰陶质，马头饰笼套，双耳竖立，颈刻画长鬃，尾粗长，四足直立于长方形托板上。

另外，河南省焦作市元代古墓发现了完整彩绘陶"车马出行仪仗队"，共有陶俑、陶马、陶车81件，均为彩绘陶，以粉、红、绿为主，色泽鲜艳，组合为一套完整的"车马出行仪仗队"。同时还有陶仓、陶几等陶明器。

陕西省户县元代贺氏墓的陶俑,有男侍俑、女侍俑、仪卫俑、骑马俑、牵马俑、胡人骑驼击鼓俑、牵驼俑等,总数近60件。侍俑通高30至33厘米,骑马俑通高约45厘米。

贺氏墓女侍俑头绾双辫髻,上身着窄袖左衽短袄,下系长裙,作捧盒侍奉状;男侍俑头发分披,身穿窄袖右衽长袍,作笼袖搭巾侍立状;仪卫俑戴幞头,身着盘领窄袖长袍,腰束革带,足蹬短靴,左臂曲举,作吆喝姿态。

塑工最佳的是一组骑马俑,有的头绾发辫,有的戴宽沿毡笠,或佩腰刀,或背箭箙,足踏马镫,左手提缰扶鞍,右手甩开,作扬鞭催马状,刻画了蒙古族谙熟骑术、崇尚射猎的生活习俗。

贺氏墓还发现有牵马俑,俑高34厘米,马高37厘米。灰陶、模制。牵马俑头戴圆形帽,束辫垂至肩头,身穿长袍,腰间束带,右手曲至胸前,左手向一侧伸出,似在牵马起程。陶马背负行囊,行囊以绳索捆实。两件雕塑品巧妙地组合在一起,有着浓厚的生活气息。

贺氏墓的这批元代陶俑,以艺术手法写实、造型比例匀称而著称。

元代陶俑的制作一般都较粗率,这是因为,一方面纸制明器的继续流行,另一方面则是深受蒙古族丧葬习俗的影响。蒙古族素以深埋不坟为传统,所以一般不用俑来随葬,只有部分汉族和少数契丹族官僚仍以陶俑随葬。

元代陶俑主要发现于陕西和四川,陕西以西安曲江池西村段继荣夫妇墓、长安县韦曲村贺氏墓、宝鸡元墓等发现的元俑为代表。

陕西元俑都为深灰胎,不上釉,在技巧和制作方法上尚有一定的艺术水准,风格写实,种类有男女侍俑、骑马俑、骆驼俑、马俑等,大部分俑的形象为蒙古族人和胡人。

在陶俑的组合上,五代、宋时颇为盛行的四神俑元代已消失,人物面貌多具有少数民族及域外文化色彩。

拓展阅读

贺氏墓是元代贺贲、贺仁杰、贺胜祖孙三代坟茔,陶俑系墓中的随葬品。墓里的陶马并不高大,属蒙古马种。在生活中蒙古马虽不及青海、新疆、阿拉伯马高大,但却是最能吃苦耐劳,在恶劣环境中,可供长途跋涉的良驹。

蒙古和元代骑士常把自己命运和马联系在一起。蒙古人常喜欢绘制一匹带着翅膀的骏马为旗帜,随风飘扬,以天马行空来象征时运的飞腾。又常以"中途失马"来比喻人生的最大不幸。

在元代看守皇帝和蒙古大汗坐骑的大臣,是皇帝和大汗最信赖的人,他们可以在朝中出任重要官职。骑士和将军对于给他牵马垂镫的人则视为生死与共的心腹。

在元代墓葬中以牵马俑当作随葬品如同殷商时期用御车侍者殉葬一样,都是为了将最信任的人带到另一个世界为自己服务。

宋元明清陶器

四大名陶兴起的明清陶器

明代承袭两宋特别是南宋以来商业贸易的飞速发展，明代的商业非常发达，民间也因此变得富裕。清代是我国封建社会的最后一个王朝，陶器与明代一脉相承，在这一时期得到了空前发展，形成了我国古代陶器史上的最后一个高峰，有"明有粗陶、清有紫陶"之称。

这时最著名的就是成就了我国的四大名陶，即紫砂陶、坭兴陶、建水陶和荣昌陶。

紫砂陶是指用江苏宜兴丁蜀镇北黄龙山产的陶土即紫砂泥制成的陶器。

紫砂壶发源于江苏省宜兴，创始人是明代正德、嘉靖时的龚春，世称"供春"，他创制的"供春壶"，当时人称赞"栗色暗暗，如古今铁，敦

庞周正"，短短12个字，令人如见其壶。

供春后来传给时大彬、李仲芬，两人与时大彬的弟子徐友泉并称为万历以后的明代"三大紫砂妙手"。时大彬的紫砂壶风格高雅脱俗，造型流畅灵活，虽不追求工巧雕琢，但匠心独运，朴雅坚致，妙不可思。

徐友泉手工精细，擅长将古代青铜器的形制做成紫砂壶，古拙庄重，质朴浑厚。传说，徐友泉幼年拜时大彬为师学陶艺，恳求老师为他捏一头泥牛，时大彬不允。

此时一头真牛恰从屋外经过，徐友泉急中生智，抢过一把泥料，跑到屋外，对着真牛捏了起来，时大彬大加赞赏，认为他很有才华，于是欣然授其全部绝活，后来果然自成一家。

以上4人为第一期的紫砂陶大师。第二期紫砂陶大师为清初人陈鸣远、惠孟臣。陈鸣远以生活中常见的栗子、核桃、花生、菱角、慈姑、荸荠、荷花、青蛙等的造型入壶，工艺精雕细镂，善于堆花积泥，使紫砂壶的造型更加生动、形象、活泼，使传统的紫砂壶变成了有生命力的雕塑艺术品，充满了生气与活力。

同时，陈鸣远还发明在壶底书款、壶盖内盖印的形式，到清代形成固定的工艺程序，对紫砂陶的发展产生了重大影响。由于陈鸣远的作品出神入化，名震一时。

第三期紫砂陶大师是清代中叶嘉庆、道光年间的陈鸿寿和杨彭年。陈鸿寿是清代中期的著名书画家、篆刻家，艺术主张创新，他倡导"诗文书画，不必十分到家"，但必须要见"天趣"。

他把这一艺术主张，付诸紫砂陶艺。第一大贡献，是把诗文书画与紫砂壶陶艺结合起来，在壶上用竹刀题写诗文，雕刻绘画。第二大贡献，他凭着天赋，随心所欲地即兴设计了诸多新奇款式的紫砂壶，为紫砂壶创新带来了勃勃生机。

紫砂壶按工艺可分5类：光身壶、花果壶、方壶、筋纹壶、陶艺装饰壶。

光身壶是以圆为主，它的造型是在圆形的基础上加以演变，用线条、描绘、铭刻等多种手法来制作。

花果壶是以瓜、果、树、竹等自然界的物种来作题材，加以艺术创作，使其充分表现出自然美和返璞归真的原理。

方壶是以点、线、面相结合的造型。来源于器皿和建筑等题材，以书画、铭刻、印版、绘塑等当作装饰手段。壶体庄重稳健，刚柔相间，更能体现人体美学。

筋纹菱花壶俗称"筋瓢壶"，是以壶顶中心向外围射有规则线条之壶，竖直线条叫筋，横线称纹，故也称"筋纹器"。

陶艺壶是一种似圆非圆、似方非方、似花非花、似筋非筋的较抽象形体的壶，可采用油画、国画之图案和色彩来装饰，有传统又非传统的陶瓷艺术。

紫砂壶按行业可分为3类：

花货即自然形，采用雕塑技法或浮雕、半圆雕装饰技法捏制茶壶，将生活中所见的各种自然形象和各种物象的形态以艺术手法设计成茶壶造型，诸如松树段壶、竹节壶、梅干壶、西瓜壶等，富有诗情画意，生活气息浓郁。明代供春树瘿壶是已知最早的花货紫砂壶。

光货即几何形，特点是壶身为几何体，表面光素。光货又分为圈货、方货两大类。圈货，即茶壶的横剖面是圆形或椭圆形，如：圆壶、提梁壶、仿鼓壶、掇球壶等；方货，即茶壶的横剖面是四方、六方、八方等，如：僧帽壶、传炉壶、瓢梭壶等。

筋货是从生活中所见的瓜棱、花瓣、云水纹干创作出来的造型样式。这类壶艺要求口、盖、嘴、底、把都必须做成筋纹形，使与壶身的纹理相配合。这也使得该工艺手法达到了无比严密的程度。近代常见的筋纹器造型有合菱壶、丰菊壶等。

紫砂名壶树瘿壶的造型模仿树瘿，壶面凹凸不平，有树皮模样刻纹，整把壶呈暗栗色。是明代制壶大家供春创制的一种壶式。

再如"冰心道人"壶，壶体颜色似瓷器中的茶叶末釉，壶身正面是一个凹进去的龛，内坐一人，龛外壁装饰有桃树、桃花、桃叶。壶身另外三侧为雕刻的云纹，壶底款为"冰心道人"。

另外还有"二泉"铭壶，是清末紫砂名家邵二泉铭的壶。这把壶形制古朴，壶为土黄色，周身竹造型，而一蝙蝠翩然而至，应和古人"祝福"意愿。壶腹一侧，阴刻行书："天朗气清，惠风和畅"，这句诗源于王羲之《兰亭集序》，署名"二泉"。壶底有"唐冰"款。

坭兴陶发源于广西壮族自治区钦州，古称越陶，据史志记载可能发明于唐以前，至唐而益精致。钦州城东平心村于山麓发现逍遥大冢，内藏宁道务陶碑一通，旁边有陶壶一个，此碑刻有"唐开元二十年"字样。

坭兴陶在清朝中叶时期，还没有确切的名称，至清朝咸丰年间，钦州陶器发展鼎盛,坭器得以广泛兴用,故得名"坭兴"。

坭兴陶产品主要有茶具、文具、食具、咖啡具、花瓶、花盆、熏鼎及仿古制品8类,花色品种达600余种。大的有高达2米的大花瓶,小的有直径仅3厘米的小茶杯。其中以各式茶具、花瓶笔筒、盆景和食具最负盛名。

坭兴陶盛行于清朝咸丰年间,坭兴陶的祖师爷胡老六,是一个让坭兴化蛹成蝶的老陶人。胡老六当初在制作小烟斗时做了3个新尝试:弃沙土改用城西红泥、弃缸改窑高温煅烧、烧成后反复打磨。

当时只是为了让自己所制作的烟斗更细腻更坚硬,他没有想到的是,自已这一改,烧成后的烟斗经打磨后竟细腻柔滑犹如玉质,且呈现出神秘的古铜色。这是钦州陶器第一次出现窑变。

更没想到的是,这一改制出的烟斗精良远胜江苏宜兴而畅销省内

陶器：土与火的结晶

外，从而让已有1000多年的钦州陶器开始有了一个自己的名字：钦州坭兴陶。

随后，郑金声、潘允兴等坭兴巨匠相继而出，以至于一时间有40多家生产坭兴工艺的人家聚居在钦州那条名扬全国的小小坭兴巷里，而来往官员无不购买坭兴器分赠亲友，这是钦州坭兴繁荣的开始。

当时生产的产品有各种吸烟小泥器、茶壶、小花瓶和文具。从事此项生产的有40多家，其中较负盛名的有"黎家园"、"仁我斋"、"符广音"、"麦兴记"、"潘允馨"等家。

至清同治年间，从事坭兴工艺的人家，大都聚居于市城南鱼寮横街设店经营，形成一条坭兴巷，即"烟斗巷"。

清光绪年间，坭兴陶已驰名于各省，自钦设道署后，官员来往较多，无不购坭兴陶带出外省，名传各地。期间曾参加世界性的陶艺评比，均获大奖。

坭兴陶器中一件为风格独特的白泥纹瓶，瓶高29.8厘米，器底落印阳纹"钦州官窑"款。从它的胎体和制作工艺断定其使用的泥极细腻，烧成后都经过磨光，有玉质效果，这是它区别于其他窑口生产的陶器的主要特征。

钦州坭兴陶制作工艺是世代相传的。艺人们利用具有很强可塑性的泥质，在器皿坯体上雕刻诗文和绘画，诗文内容高雅，绘画主要以山水花鸟为题材，富有国画白描风格。

人们在坭坯上按预先设计好的图样雕刻，如仙女散花、桂林象山、水月洞、八仙过海或各种花、鸟等，刀法老辣、古拙，工艺精湛，运刀如运笔。

坯体上刻出花纹后，再在刻痕中填上另一种坭料，例如填以白色坭料，趁坭湿时填充融合，可以烧出红器白花、白器红花的效果，使坭兴陶在单纯古朴中透露出一种又醇又浓的人文味，是一种雅致的工艺品，又具有较高的实用价值，博得了人们的喜爱。

坭兴陶在烧制过程中不添加任何陶瓷颜料可产生窑变体，在传统工艺的烧制过程中，其颜色多为朱色或紫红色。

偶尔有一个或少数几个产品产生深绿色或古铜色的"窑变"体，是无法预测和

控制的，素有"窑宝"之称。钦州坭兴陶的"窑变"技术，堪称"中国一绝"。

坭兴陶产品经窑变，表层还保留着朱色或紫红的原色。经打磨去表层后才发现其真面目，形成各种斑斓绚丽的自然色彩，若隐若现古铜、墨绿、紫红、虎纹、天蓝、天斑、金黄、栗色、铁青等诸多色泽，质地细腻光润，具有很高的欣赏和收藏价值。

坭兴陶耐酸耐碱，无毒性，它独具透气而不透水的天然双重气孔结构，有利于食物长久储存。实践证明，茶叶置于坭兴陶罐数年而无霉变。茶具泡茶，味正醇香，隔夜而色味不变。久用之空壶冲入白开水仍有芳香茶味，乃茶具上品。

坭兴陶传统的雕刻技法，是在坭兴陶半成品的坯体上，用锋利的钢刀雕刻出文字和图案，分为平雕工艺和浮雕工艺两大部分，平雕是在半干稍湿的泥坯上进行，有线刻、镂空、雕塑、镶嵌等技法。浮雕是在全干的坯体上进行，有高浮雕、低浮雕、阳刻与阴刻等技法。

建水陶又名建水紫陶，产生于清代，始于道光年间，是在明代粗陶生产昌盛的基础上发展起来的。

建水古城北郊有一个窑火烧出来的村落"碗窑村"。碗窑村始于何时已无从考证，后人只知道这里世代以陶瓷为业，村落由制陶而生。村子后面的红土坡由东向西绵亘数里沉寂着一大片行迹清晰的古窑遗址和堆积如山的陶瓷残片。

建水紫陶的泥料取自建水境内。传统制泥方法是：将不同的制陶黏土分别捣成粉末，筛弃粗砂后，按制陶的要求把不同的粉末原土进行配比，再放入缸内加水制成浆状搅拌淘洗，待含砂浆泥沉落缸底，便用勺取上面的漂浆倒入另一只缸内作再次淘洗。

如此反复五六次之后，让其在封闭状态下自然凝干成泥，这时的泥料已经腻如膏脂，无丝毫砂粒。由于泥料的细腻，在湿润状态下的可塑性相对较弱，因此，建水紫陶一般不采取灌浆注模的方式制成器型，也不宜于制作大型器件，也因为此特性，也成就了建水紫陶可以在器物表面做细微雕刻填泥和无釉磨光的特殊工艺。这也是建水紫陶与其他含砂陶器最本质的区别。

建水紫陶的坯土是红色黏土，填色的泥料则是白色黏土，一些灰绿的、浅绛的、橙黄的天然彩泥被奇妙地敷上了紫色的陶坯，这种人为的创新和发挥，极大地彰显了建水紫陶的艺术表现力。

"残贴"更是将在陶坯上施泥为彩的艺术演绎得出神入化。残贴的做法是：将坯上的字画分别以阴、阳两种刻法交叉刻出，在刻模上以彩泥交替填充，多不过五六块，少则两三贴，让观者心随神移，浮想联翩。

建水紫陶生产之初，主要生产烟斗、茶具、花瓶、笔筒、印盒、烛台等物件，造型大多古朴典雅，别具一格；至清朝光绪年间开始生产一种用于炖鸡的造型独特的"杨林锅"，又称为"杨捏"，独具匠心，外表饰有花鸟、虫、鱼、草、木、山、水图画、诗词题，精美绝伦，具有"陶具一秀"之誉。

文人的字画移位于紫陶之上，将古老的建水陶艺点化为一种经典。以陶为纸，既要保留笔墨的法备气至，又要兼顾陶坯在不同弧面和湿润状态的柔糯特性，捉毫濡墨须由厚实的悬肘运笔功底。

紫陶上的字画不以斑斓的视角冲击取胜，而以一种纯洁安详的淡雅与观者交流，传导出的是一种优美单纯的宁静。

建水紫陶的魅力，还在于其雕刻填泥工艺所构成的陶制泐痕与纤毫圆劲之间的对比融合。对陶坯落墨后，刻工艺人立刻将湿润状态下陶坯上的墨迹雕刻成模，刻痕切口光滑而棱角分明，并无刻石般线条自然崩裂的糙刺边沿。

然而，妙处在于，刻模经填泥、修坯、风干、焙烧、分次打磨抛光以后，线条居然呈现出好似经千年锈蚀风化而斑驳陆离的肌理变化，于是便有了金石之气的天生古拙。刻工艺人多为女工，且大多不谙字画之理，但她们对泥性和刀技十分熟悉。

"无釉磨光"是建水紫陶最能区别于其他陶品的特色，一件上好的作品需要经过七八道工序。使用先粗后细的打磨工具才能完成，以粗砂石磨去火皮，再用细砂石打磨留下的拉丝，最后用鹅卵石抛光，细致复杂的过程后，原本暗淡粗糙的陶体被磨出了镜光，展现出其细

润的质感和光泽的变化。

建水紫陶代表作如紫陶残贴、清香罐、三足笔筒、博古瓶、中号笔筒、仿青铜器台灯、大型紫陶花缸等陶器珍品。

荣昌陶器原产地为四川省荣昌县安富镇，清代以前叫磁窑里，有史可证的陶器最早出现在汉代，明清时代得到广泛发展。

荣昌陶器主要生产日用陶、包装陶、工艺美术陶、园林建筑陶，由于荣昌的陶土黏性和可塑性强、烧制的容器具有不渗漏、保鲜好等特点，素有"泥精"的美称，人们因此给了荣昌陶器"薄如纸、亮如镜、声如磬"这9个字的评价。

荣昌陶品种繁多，工艺陶中素烧的"泥精货"，具有天然色泽，给人以古朴淡雅之感。以各种色釉装饰的"釉子货"，观之有晶莹剔透之形，叩之能发清脆悦耳之声，装饰大方朴质而富于变化，具有浓郁的民族风格和地方特色。

安富镇有优质红、白陶土，质细色正，可塑性强，宜于制陶，尤其叫人称绝的是，荣昌陶器对所储藏的物品不串味、不变味、不渗色，可以长期保质、保味、保鲜，极具实用性。

荣昌陶器为我国陶瓷和工艺美术增添了不可缺少的一环。最早，荣昌主要生产缸、盆、钵、罐等粗陶产品，造型朴实自然，有粗犷、野性之美；从嘉庆时开始逐步发展到清咸丰时的"泥精"，属细陶类，釉质莹润，再逐步发展到光绪时的刻花、色釉。

在器型方面，荣昌陶的始祖器物中也有着北方陶器的形体，造型上以"柳、卵、直、胀"为特色，与北方陶瓷粗、大、厚、重的风格迥然不同。日用器型以泡菜坛、花瓶、罐、茶壶、缸、钵、蒸钵、鼓子、茶具、酒具、饭碗、文房用品等为主，工艺美术陶以鉴赏品、动物雕塑和烟具为主。

康熙年间，荣昌陶窑由甑子窑发展为长窑，最盛时达20多座窑场。咸丰、光绪时已先后建成中兴窑、磨子窑、老兴窑、崇兴窑等一批名窑，燃料均以松柴为主。

拓展阅读

钦州坭兴陶历史悠久，驰名中外。早在1915年美国召开的"巴拿马运河开航太平洋万国博览会"上，我国历史上第一次组团参加国际大赛，钦州坭兴陶就荣获金牌奖。

钦州坭兴陶艺人名传四海。从清朝起，曾被光绪皇帝召见。新中国成立后，坭兴名家荣幸地受到国家领导人接见。

历代诗人、著名的书画艺术家对钦州坭兴陶情有独钟，纷纷作诗赞誉。

1997年国务院颁布的《传统工艺美术保护条例》中，钦州坭兴陶和广西"壮族织锦"一起列入被保护的民族特色工艺品。钦州坭兴陶当属广西两件宝之一。